김대석 셰프의
집밥 레시피
— 3 —

**김대석 셰프의
집밥 레시피 3**

초판 1쇄 발행 2025년 8월 6일
초판 3쇄 발행 2025년 9월 3일

지은이 김대석

발행인 장상진
발행처 (주)경향비피
등록번호 제2012-000228호
등록일자 2012년 7월 2일

주소 서울시 영등포구 양평동 2가 37-1번지 동아프라임밸리 507-508호
전화 1644-5613 | **팩스** 02) 304-5613

ⓒ김대석

ISBN 978-89-6952-628-1 13590

· 값은 표지에 있습니다.
· 파본은 구입하신 서점에서 바꿔드립니다.

김대석 셰프의
집밥 레시피
— 3 —

김대석 지음

경향BP

프롤로그

안녕하세요.

요리하는 것이 즐거워 마음이 따뜻한 남자 김대석 셰프입니다. 전남 여수시 돌산에서 태어나 19살이 되는 해에 무작정 상경한 뒤로 벌써 38년이 지났습니다. 서울 서초구 양재동 배나무골오리집에서 설거지부터 시작하여 총괄 점장까지 경험한 후 무등산 왕돌구이집을 직접 운영했습니다.

제가 그동안 배우고 터득한 요리 노하우와 실전 레시피를 여러 사람과 공유하고 싶어서 새로운 플랫폼인 유튜브에 올린 이후로 저에게는 많은 변화가 있었습니다. 오랫동안 고민하고 연구한 요리 레시피를 소개하는 영상을 업로드했을 때 구독자분들이 해 주셨던 감사 인사들은 요리에 대한 저의 열정이 식지 않게 해 주는 원동력이 되었습니다. 그동안 애청해 주신 모든 분께 무한한 감사의 말씀을 드립니다.

모든 메뉴를 요리책 한 권에 담을 수 없기에 『김대석 셰프의 집밥 레시피 1』, 『김대석 셰프의 집밥 레시피 2』에 이어 세 번째 책을 출간하게 되었습니다.
이 책은 가정과 음식점에서 '더 맛있는 한 끼 식사'를 하는 데 도움이 되는 레시피를 담았습니다. 단순히 쉽고 빠르게 만드는 것에 초점을 두기보다 익히 알고 있는 한식을 더 맛있게 만드는 노하우를 알려 주는 것에 중점을 두었습니다. 또한 사진과 글만으로 명확하게 조리 과정을 알 수 없을 때, 레시피 상단의 QR코드를 통해 영상으로 자세하게 확인할 수 있게 하였습니다.
이 책이 여러분의 식생활 개선에 도움이 되기를 바랍니다.
감사합니다.

김대석

차례

프롤로그　　　　　　　　　　　　　　　　　　　　4
요리를 시작하기 전에 읽어 주세요!　　　　　　　9

PART 1 반찬

1 두릅무침	12	19 콩나물/무나물	48
2 쪽파말이무침	14	20 가오리찜	50
3 콜라비말랭이	16	21 열무된장무침	52
4 무장아찌	18	22 표고버섯볶음	54
5 마늘종무침	20	23 연근무침	56
6 마늘종장아찌	22	24 생굴무침	58
7 꽈리고추찜	24	25 콜라비생채	60
8 상추장아찌	26	26 새송이버섯볶음	62
9 애호박나물	28	27 메추리알장조림	64
10 달걀장조림	30	28 콩자반	66
11 노각양파무침	32	29 진미채볶음	68
12 양파볶음	34	30 배추나물	70
13 오이무생채	36	31 냉이무침	72
14 새송이꽈리고추조림	38	32 세발나물무침	74
15 가지볶음	40	33 가죽나물무침	76
16 감자조림	42	34 오삼불고기	78
17 브로콜리두부무침	44	35 양송이볶음	80
18 퍼펙트고추장아찌	46	36 부추짜박이	82

국 / 찌개

1 오이참외냉국	86
2 쉬운 육개장	88
3 들깨미역국	90
4 고등어무조림	92
5 콩나물국밥	94
6 들깨두부탕	96
7 매생이굴떡국	98
8 떡만둣국	100
9 순두부달걀탕	102
10 콩나물뭇국	104
11 얼큰소고기뭇국	106
12 굴미역국	108
13 감자탕	110
14 달걀된장국	112

김치

1 알배추겉절이	116
2 깻잎김치	118
3 양배추김치	120
4 쪽파겉절이	122
5 양파김치	124
6 오이깍두기	126
7 절임배추 김장김치(40kg)	128
8 가지김치	130
9 총각김치	132
10 알배추물김치	134
11 우엉김치	136
12 가을 석박지	138
13 봄동겉절이	140
14 봄 물김치	142
15 오이물김치	144
16 얼갈이백김치	146
17 얼갈이겉절이	148

특식

1 매운등갈비찜	152	18 호박죽	186
2 양파청	154	19 콘치즈구이	188
3 상추전	156	20 파래전	190
4 수제 땅콩버터	158	21 팥칼국수	192
5 삼겹살볶음	160	22 김밥	194
6 초간단 비빔밥	162	23 찰밥	196
7 부추전	164	24 달걀죽	198
8 분식집 떡볶이	166	25 돼지고기김치찜	200
9 묵은지비빔국수	168	26 등갈비묵은지찜	202
10 청경채새우볶음	170	27 옛날식혜	204
11 새우애호박전	172	28 꼬막비빔밥	206
12 육전	174	29 오징어배추전	208
13 고기만두	176	30 닭발조림	210
14 꼬마김밥	178	31 닭꼬치	212
15 수육	180	32 소고기채소죽	214
16 고구마조청	182	33 순대볶음	216
17 호박술빵	184		

요리를 시작하기 전에 읽어 주세요!

계량
스푼 - 가정에 흔히 있는 어른용 밥숟가락으로 계량합니다.
- **깎아서 0스푼** - 숟가락에 수북하게 쌓지 않고 수평으로 깎아서 계량합니다.

컵 - 200mL짜리 계량컵입니다
- 종이컵으로는 가득 채운 1컵을 기준입니다.
- **컵 7부** - 200mL짜리 계량컵의 70% 정도입니다.(컵 8부 = 80%)

크기 - 사과, 양파, 배, 당근 등은 중간 사이즈가 기준입니다. (크기에 맞게 조절해 주세요.)
1줌 - 성인 남자 손으로 가볍게 잡은 정도를 기준으로 합니다.
1꼬집 - 엄지손가락과 검지손가락 끝으로 가볍게 잡은 정도를 기준으로 합니다.

간
항상 요리를 완성한 후 취향에 맞게 간을 조절해 주세요.

믹서기 사용
믹서기를 사용하기 전에 항상 잘 갈리도록 재료를 적당한 크기로 썰어 주세요.

불 조절
불 조절은 요리에서 정말 중요한 부분 중 하나입니다. 내용에서 불 조절에 대한 별다른 언급이 없을 때는 '중불'로 하되 조리 상태에 따라 능동적으로 조절하면 됩니다.
- 팬에 눌어붙을 수 있는 요리는 꼭 약불로 해 주세요.

반찬

- 두릅무침
- 쪽파말이무침
- 콜라비말랭이
- 무장아찌
- 마늘종무침
- 마늘종장아찌
- 꽈리고추찜
- 상추장아찌
- 애호박나물
- 달걀장조림
- 노각양파무침
- 양파볶음

- 오이무생채
- 새송이꽈리고추조림
- 가지볶음
- 감자조림
- 브로콜리두부무침
- 퍼펙트고추장아찌
- 콩나물/무나물
- 가오리찜
- 열무된장무침
- 표고버섯볶음
- 연근무침
- 생굴무침

- 콜라비생채
- 새송이버섯볶음
- 메추리알장조림
- 콩자반
- 진미채볶음
- 배추나물
- 냉이무침
- 세발나물무침
- 가죽나물무침
- 오삼불고기
- 양송이볶음
- 부추짜박이

01 두릅무침

미리 준비하기 대파 흰 부분 10cm를 쫑쫑 썰어 주세요.

재료
- 두릅 300g
- 물 4컵(800mL)
- 천일염 1스푼

양념
- 된장 수북하게 1스푼
- 고추장 1스푼
- 다진 마늘 ½스푼
- 대파 흰 부분 10cm
- 매실청 1스푼
- 참기름 1스푼
- 통깨 1스푼

1 두릅 300g의 끝부분은 과일칼로 잘라 내고, 겉잎을 뗀 후에 십자 모양으로 칼집을 내 주세요.

2 끓는 물에 천일염 1스푼을 녹이고, 손질한 두릅을 넣어서 50초 데쳐 주세요.

3 데친 두릅을 찬물에 식혀 주고, 물기를 꾹 짜서 준비해 주세요.

4 **양념 만들기** 된장 수북하게 1스푼, 고추장 1스푼, 다진 마늘 ½스푼, 매실청 1스푼, 참기름 1스푼, 통깨(빻아서) 1스푼을 섞어 양념을 만들어 주세요.

point— 취향에 따라 식초를 추가해도 좋습니다.

5 양념에 두릅과 미리 준비한 대파를 넣고 조물조물 무쳐 주면 완성입니다.

02 쪽파말이무침

재료
- 쪽파 2줌(300g)
- 물 1.2L
- 천일염 1스푼

양념
- 고춧가루 ½스푼
- 다진 마늘 ½스푼
- 진간장 3스푼
- 매실청 1스푼
- 초고추장 2스푼
- 참기름 1스푼
- 통깨 1스푼

1. 끓는 물 1.2L에 천일염 1스푼을 넣고 녹여 주세요.

2. 쪽파 2줌(300g)의 뿌리 쪽부터 담그고, 10초 후에 이파리 부분까지 완전히 넣고 불을 꺼 주세요. 총 데치는 시간은 25초입니다.

3. 찬물에 데친 쪽파를 헹궜다가 물기를 꾹 짜 주세요.

4. **양념 만들기** 고춧가루 ½스푼, 다진 마늘 ½스푼, 진간장 3스푼, 매실청 1스푼, 초고추장 2스푼, 참기름 1스푼, 통깨 1스푼을 섞어 양념을 만들어 주세요.

5. 쪽파를 돌돌 감아 풀리지 않게 묶어 주세요.

6. 양념에 넣고 무쳐 주면 완성입니다.

03 콜라비말랭이

미리 준비하기 다시마 우린 물 1컵(200mL), 찹쌀풀 2스푼을 준비해 주세요.

재료
- 콜라비 3개(2.5kg)

콜라비말랭이무침
- 건조한 콜라비말랭이 70g
- 다시마 우린 물 1컵(200ml)
- 고춧가루 수북하게 2스푼
- 다진 마늘 1스푼
- 진간장 2스푼
- 멸치액젓 1스푼
- 조청 2스푼
- 통깨 1스푼
- 찹쌀풀 2스푼

  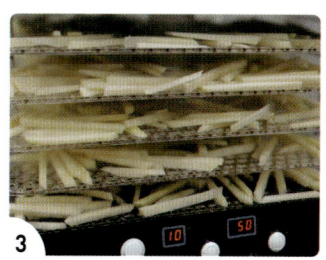

1. 콜라비 3개(2.5kg)의 껍질을 칼로 벗기고, 두께감이 어느 정도 있게 채 썰어 주세요.

2. 건조기 트레이에 채 썰어둔 콜라비를 골고루 펼쳐 주세요.

3. 건조기 설정을 50℃, 10시간으로 해 주세요. 균일하게 마르도록 5시간이 지나면 트레이 위치를 위아래로 바꿔 주세요.

4. 10시간이 지나면 트레이를 빼고, 상온에서 1시간 정도 더 말리면 콜라비말랭이 완성입니다.

5. **콜라비말랭이무침 만들기** 건조된 콜라비말랭이 70g에 다시마 우린 물 1컵(200mL)을 붓고, 30분 불린 후에 물기를 짜 주세요.

6. 수북하게 2스푼, 다진 마늘 1스푼, 진간장 2스푼, 멸치액젓 1스푼, 찹쌀풀 2스푼, 조청 2스푼, 통깨 1스푼을 넣고 무쳐 주면 콜라비말랭이무침 완성입니다.

04 무장아찌

재료

무 절일 때
- 무 3개(4.2kg)
- 천일염 1컵(200mL)
- 물엿 3컵(600mL)

무장아찌
- 진간장 2컵(400mL)
- 무 절인 물 4컵(800mL)
- 매실청 1컵(200mL)
- 소주 1컵(200mL)
- 고추씨 ½컵(200mL)
- 대추 10개

무장아찌무침
- 무장아찌 100g
- 쪽파 3가닥
- 다진 마늘 ½스푼
- 고춧가루 ⅓스푼
- 참기름 ½스푼
- 통깨 ½스푼

무 절이기 무 3개(4.2kg)를 깨끗하게 씻고, 상처 난 부위는 필러로 깎아 주세요. 이후 무를 길게 반으로 썰고, 무 ½개당 5등분씩 길게 썰어 주세요.

김치통에 무, 천일염 1컵(200mL), 물엿 3컵(600mL)을 조금씩 번갈아 가면서 담아 주세요. 베란다에 하루 두었다가 냉장실로 옮겨 이틀 보관하면 수분이 싹 빠져나옵니다.

무장아찌 만들기 무를 꾹 짜서 물기를 뺀 후 새 김치통에 옮겨 주세요. 절인 물은 장아찌에 사용할 만큼 냄비에 담아 한 번만 팔팔 끓인 후에 식혀 주세요.

point — 혹시 절인 물이 부족할 수 있으니 넉넉하게 끓여 주세요.

무가 담긴 통에 대추 10개, 다시백에 넣은 고추씨 ½컵(200mL), 진간장 2컵(400mL), 매실청 1컵(200ml), 소주 1컵(200mL), 절인 물 4컵(800mL)을 넣고 누름돌로 누른 후 냉장고에 1주일 보관해 주세요.

무장아찌무침 만들기 무장아찌 100g을 자잘하게 썰고, 간장물을 꾹 짜 주세요.

다진 마늘 ½스푼, 고춧가루 ⅓스푼, 참기름 ½스푼, 통깨 ½스푼, 썰어 놓은 쪽파 3가닥을 넣고 무쳐 주면 무장아찌무침 완성입니다.

05 마늘종무침

재료
- 마늘종 300g
- 천일염 1스푼
- 소주 2스푼
- 중간멸치 1줌
- 참기름 1스푼
- 통깨 1스푼

양념장
- 고춧가루 2스푼
- 고추장 가볍게 3스푼
- 매실청 1스푼
- 생수 2스푼
- 진간장 2스푼
- 미림 2스푼
- 다진 마늘 1스푼
- 조청 2스푼

1

마늘종 300g을 4~5cm 간격으로 썰어 주세요. 꽃봉오리와 끝부분은 너무 질겨서 사용하지 않습니다.

2

끓는 물에 천일염 1스푼, 소주 2스푼을 넣고 천일염을 녹여 주세요. 이후 썰어 놓은 마늘종을 넣고 30초만 데쳤다가 채반에 건져서 식혀 주세요.

point — 데친 마늘종을 찬물에 식히면 단맛이 다 빠집니다.

3

양념 만들기 팬에 고춧가루 2스푼, 고추장 가볍게 3스푼, 매실청 1스푼, 진간장 2스푼, 미림 2스푼, 생수 2스푼, 다진 마늘 1스푼, 조청 2스푼을 넣고 중약불로 천천히 졸여 주세요.

4

양념이 어느 정도 졸여졌을 때 완전히 약불로 줄이고 중간멸치 1줌을 넣고 섞어 주세요.

point — 중간멸치는 전자레인지에 미리 20초만 돌려 주면 비린내가 사라집니다.

5

불을 끄고 마늘종을 넣어 골고루 섞어 주세요.

6

참기름 1스푼, 통깨 1스푼을 넣고 한 번 더 섞어 주면 완성입니다.

06 마늘종장아찌

재료
- 마늘종 3kg(손질 후 2.6kg)
- 진간장 6컵(1.2L)
- 설탕 2컵(340g)
- 물 4컵(800mL)
- 식초 4컵(800mL)
- 소주 2컵(400mL)
- 매실청 1컵(200mL)

1

마늘종 3kg를 4~5cm 간격으로 썰어 주세요. 꽃봉오리와 끝부분은 질겨서 사용하지 않습니다.

point — 마늘종은 색깔이 연한 부분이 흰색에 가까울수록 좋습니다.

2

손질한 마늘종을 열탕소독한 유리병에 담아 주세요.

3

냄비에 물 4컵(800mL), 설탕 2컵(340g), 진간장 6컵(1.2L)을 넣고 한 번 팔팔 끓인 후에 불을 꺼 주세요.

4

냄비에 식초 4컵(800mL), 소주 2컵(400mL), 매실청 1컵(200mL)을 넣고 저어 주세요.

5

간장물이 따뜻할 때 마늘종이 담긴 유리병에 붓고 뚜껑을 닫아 주세요.

6

보관 방법 베란다 그늘진 곳에 5일 정도 두었다가 마늘종이 노랗게 되면 냉장고에 넣고, 그때부터 3개월 이후에 먹으면 됩니다.

07 꽈리고추찜

미리 준비하기 꽈리고추 200g을 깨끗하게 씻은 후에 꼭지를 따서 준비해 주세요.

재료
- 꽈리고추 200g
- 쌀가루 3스푼
- 들깨가루 수북하게 1스푼
- 소금 ⅓스푼
- 면보 1장

양념
- 쪽파 5가닥
- 홍고추 1개
- 고춧가루 1스푼
- 설탕 ½스푼
- 다진 마늘 ½스푼
- 진간장 3스푼
- 생수 2스푼
- 참기름 1스푼
- 통깨 1스푼

양념 만들기 쪽파 5가닥, 홍고추 1개를 자잘하게 다지고 고춧가루 1스푼, 설탕 ½스푼, 다진 마늘 ½스푼, 진간장 3스푼, 생수 2스푼, 참기름 1스푼, 통깨 1스푼을 섞어 양념을 만들어 주세요.

믹싱볼에 쌀가루 3스푼, 들깨가루 1스푼, 소금 ⅓스푼을 넣고 섞어 주세요.

손질한 꽈리고추 200g을 볼에 넣고 코팅해 주세요.

point — 꽈리고추에 물기가 조금 묻어 있으면 코팅이 더 잘됩니다.

찜기에 축축한 면보를 깔고, 위에 코팅된 꽈리고추를 올린 후에 면보를 접어서 덮어 주세요.

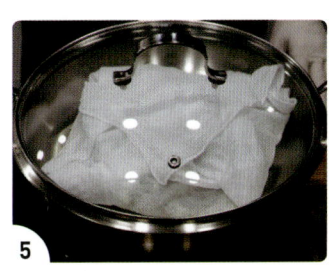

물이 끓어오를 때부터 뚜껑을 닫고 강불로 4분 쪄주세요.

꽈리고추를 펼쳐서 식혀주면 완성입니다.

08 상추장아찌

재료
- 상추 400g
- 쑥갓 150g
- 청양고추 2개
- 홍고추 1개
- 양파 1개

간장물
- 진간장 1½컵(300mL)
- 식초 7부(140mL)
- 매실청 7부(140mL)
- 생수 1½컵(300mL)

1. 상추 400g, 쑥갓 150g의 대공을 살짝 잘라 내고, 미지근한 물에 씻은 다음 30분 동안 물기를 빼 주세요.

2. 양파 1개를 채 썰고 홍고추 1개, 청양고추 2개를 쫑쫑 썰어 주세요.

3. **간장물 만들기** 진간장 1½컵(300mL), 식초 7부(140mL), 매실청 7부(140mL), 생수 1½컵(300mL)을 섞어 주세요.

4. 통에 상추, 쑥갓, 청양고추, 홍고추, 양파를 켜켜이 넣고 간장물을 부어 주면 완성입니다.

   point ― 간장물이 적어 보여도 1시간 정도 지나면 채소가 숨이 죽으면서 물이 많이 나와 딱 맞게 됩니다.

09 애호박나물

미리 준비하기 새우젓 1스푼을 가위로 잘게 다져 주세요.

재료
- 애호박 1개
- 새우젓 1스푼
- 느타리버섯 100g
- 당근 30g
- 미림 1스푼
- 생수 ⅓컵(70mL)
- 마늘 2개
- 소금 2꼬집
- 참기름 1스푼
- 통깨 1스푼
- 식용유 1스푼

1. 애호박 1개를 6~7mm 간격, 반달 모양으로 썰어서 준비해 주세요.

2. 애호박에 다진 새우젓을 넣고 섞은 후에 15분 절여 주세요.

3. 당근 30g, 마늘 2개를 채 썰어 주세요.

4. 달궈진 팬에 절여 놓은 호박, 식용유 1스푼, 미림 1스푼을 넣고 2분 동안 강불로 볶아 주세요.

5. 준비한 당근과 마늘, 느타리버섯 100g, 생수 ⅓컵 (70mL)을 넣고 섞은 후에 뚜껑을 닫고 2분 30초 동안 중약불로 익혀 주세요.

6. 국물이 어느 정도 없어지면 참기름 1스푼을 넣고 섞은 후에 접시로 옮겨서 20분 식혀 주세요. 식힌 애호박나물에 통깨 1스푼을 뿌리면 완성입니다.

10 달걀장조림

미리 준비하기 냉장고 속에 있는 달걀은 2시간 전에 실온에 꺼내 놓아야 삶을 때 터지지 않습니다.

재료

- 달걀 10개
- 꽈리고추 150g
- 마늘 15개

멸치육수

- 물 2½컵(500mL)
- 중간멸치 1줌
- 건다시마 10g

조림장

- 멸치다시마육수 400mL
- 진간장 ½컵(100mL)
- 미림 2스푼
- 까나리액젓 1스푼
- 양파청(물엿) 4스푼

1

반숙 달걀 만들기 냄비의 물이 끓기 직전에 달걀 10개를 넣고, 끓어오를 때부터 중불로 8분 삶은 후에 찬물에 담가 놓아 주세요.

point— 달걀을 삶으면서 한쪽 방향으로 저어 주면 노른자가 중앙에 위치하게 됩니다.

2

멸치육수 만들기 작은 냄비에 물 2½컵(500mL), 중간멸치 1줌, 건다시마 10g을 넣고 중불로 8분 끓여 주세요.

3

찬물에 담가 놓은 달걀의 껍데기를 벗겨 주세요.

4

조림장 만들기 냄비에 체를 얹어 멸치육수를 부어 주세요. 여기에 진간장 ½컵(100mL), 미림 2스푼, 까나리액젓 1스푼, 양파청(물엿) 4스푼을 넣고 섞어 주세요.

5

조림장이 끓어오르면 꽈리고추 150g, 마늘 15개를 넣고 중불로 10분 끓였다가 완전히 식혀 주세요.

6

완전히 식힌 조림장을 달걀에 부어 주고, 하루 동안 냉장 보관하면 완성입니다.

point— 12시간 정도 지났을 때 달걀을 뒤집어 주어야 조림장이 골고루 배어듭니다.

11 노각양파무침

재료
- 노각 1개(1.1kg)
- 천일염 1스푼
- 물엿 2스푼
- 양파 2개
- 쪽파 10가닥
- 청양고추 2개
- 고춧가루 2스푼

양념
- 설탕 ½스푼
- 진간장 2스푼
- 매실청 1스푼
- 식초 2스푼
- 된장 1스푼
- 다진 마늘 1스푼
- 참기름 1스푼
- 고추장 수북하게 1스푼
- 통깨 1스푼

1. 노각 1개(1.1kg)를 반으로 자른 다음 씨를 긁어내고, 필러로 껍질을 제거한 후에 5~6mm 간격으로 썰어 주세요.

2. 노각에 천일염 1스푼, 물엿 2스푼을 섞고 20분 절여 주세요.

point ─ 노각의 수분이 빠져나와 아삭하고 꼬들꼬들한 맛이 일품입니다.

3. 양파 2개는 약간 굵직하게, 쪽파 10가닥은 4cm 간격으로 썰고, 청양고추 2개는 다져 주세요.

4. **양념 만들기** 설탕 1/2스푼, 진간장 2스푼, 매실청 1스푼, 식초 2스푼, 된장 1스푼, 다진 마늘 1스푼, 참기름 1스푼, 고추장 수북하게 1스푼, 통깨 1스푼을 섞어 양념을 만들어 주세요.

5. 절여진 노각을 꾹 짜고 고춧가루 2스푼을 넣어 코팅해 주세요.

6. 준비한 양파, 쪽파, 청양고추, 양념을 넣고 가볍게 무쳐 주면 완성입니다.

12 | 양파볶음

재료
- 양파 2개(350g)
- 청양고추 1개
- 식용유 2스푼
- 소금 ⅓스푼
- 고추장 1스푼
- 참기름 1스푼
- 통깨 1스푼

1. 양파 2개(350g)를 두껍게 채 썰고 팬에 넣어 주세요.

2. 청양고추 1개를 자잘하게 썰어서 팬에 넣어 주세요.

3. 팬에 식용유 2스푼을 두르고 강불로 3분 볶아 주세요.

4. 중불로 낮추고 소금 ⅓스푼, 고추장 1스푼을 넣은 후에 30초 정도 볶아 주세요.

5. 참기름 1스푼, 통깨(빻아서) 1스푼을 넣고 살짝 섞어 주면 완성입니다.

13 오이무생채

재료

- 오이 2개
- 무 350g
- 뉴슈가 ¼스푼
- 양파 ½개
- 청양고추 1개
- 고춧가루 3스푼
- 다진 마늘 1스푼
- 새우젓 ½스푼
- 멸치액젓 1스푼
- 매실청 2스푼
- 소금 ½스푼
- 통깨 1스푼

보리비빔밥

- 보리밥 1공기
- 오이무생채 조금
- 고추장 1스푼
- 참기름 조금

1. 무 350g을 5mm 간격으로 썬 후에 얇게 채 썰어 주세요. 이후 뉴슈가 ¼스푼을 넣고 골고루 섞어 주세요.

point— 뉴슈가로 무를 밑간하면 무의 매운맛이 제거되고 입에 당기는 맛이 납니다.

2. 오이 2개의 양 끝은 잘라 내고 얇게 채 썰어 주세요.

3. 양파 ½개, 청양고추 1개를 채 썰어 주세요.

4. 고춧가루 3스푼, 다진 마늘 1스푼, 새우젓(다져서) ½스푼, 멸치액젓 1스푼, 매실청 2스푼, 소금 ½스푼, 1스푼을 넣고 골고루 무쳐 주세요.

point— 취향껏 식초를 추가해도 좋습니다.

5. **보리비빔밥 만들기** 보리밥 1공기에 오이무생채 조금, 고추장 1스푼, 참기름을 조금 넣어 골고루 비벼 주면 보리비빔밥 완성입니다.

14 새송이꽈리고추조림

재료
- 새송이버섯 3개(250g)
- 꽈리고추 180g
- 진간장 7부(140mL)
- 물 1컵(200mL)
- 조청쌀엿 ⅓컵(70mL)
- 설탕 1스푼
- 건다시마 10g
- 미림 ⅓컵(70mL)

1. 새송이버섯 3개(250g)의 갓은 먹기 좋게 썰고, 나머지는 길쭉하게 썰어 주세요.

2. 꽈리고추(180g)의 크기가 작다면 끝부분을 가위로 살짝 잘라 내고, 크기가 크다면 반으로 잘라서 사용해 주세요.

point — 꽈리고추의 끝부분을 잘라 내면 간장물이 더 잘 배어듭니다.

3. 불을 끈 상태에서 냄비에 진간장 7부(140mL), 물 1컵(200mL), 미림 ⅓컵(70mL), 조청쌀엿 ⅓컵(70mL), 설탕 1스푼을 넣고 충분히 저어서 녹인 후에 불을 켜 주세요.

4. 물이 끓어오르면 약불로 맞추고 건다시마 10g, 준비한 새송이버섯을 넣어 2분 졸여 주세요.

5. 준비한 꽈리고추를 넣고 뚜껑을 닫아 5분 동안 졸여 주세요.

6. 건다시마를 건져 내고 충분히 식힌 다음 옮겨 담으면 완성입니다.

15 가지볶음

재료
- 마늘 6개
- 양파 ½개
- 가지 3개(450g)
- 물 ¼컵(50mL)
- 천일염 깎아서 1스푼
- 물엿 2스푼
- 파프리카 ½개
- 청양고추 1개
- 대파 ½대
- 식용유 2스푼
- 진간장 1스푼
- 굴소스 1스푼
- 양파청(매실청) 1스푼
- 멸치액젓 ½스푼
- 참기름 ½스푼
- 통깨 1스푼

1

가지 3개(450g)의 끝부분을 자르고, 길게 반으로 자른 다음 두껍게 어슷 썰어 주세요.

2

물 ¼컵(50mL)에 천일염 깎아서 1스푼을 녹이고, 물엿 2스푼과 함께 가지에 뿌린 후에 섞어 주세요. 중간에 한 번 뒤집어 주면서 20분 절여 주세요.

point— 가지의 수분이 빠지면서 쫄깃쫄깃해집니다.

3

양파 ½개를 굵직하게 썰어 주세요. 마늘 6개를 칼 옆면으로 누르고 잘게 다져 주세요. 청양고추 1개를 자잘하게 썰어 주세요. 파프리카 ½개를 반으로 자른 다음 먹기 좋게 썰어 주세요. 대파 ½대를 어슷 썰어 주세요.

4

20분 절인 가지를 한 주먹씩 쥐고 물기를 꾹 짜 주세요.

5

팬에 준비한 양파, 마늘, 청양고추를 넣고 식용유 2스푼을 둘러 볶아 주세요. 마늘이 노릇해지면 가지를 넣고 계속 볶으면서 수분을 날려 주세요.

6

진간장 1스푼, 굴소스 1스푼, 양파청(매실청) 1스푼, 멸치액젓 ½스푼, 준비한 파프리카, 대파를 넣고 중불로 충분히 볶은 후에 참기름 ½스푼, 통깨 1스푼을 넣어 마무리해 주세요.

16 감자조림

재료
- 감자 6개(480g)
- 천일염 깎아서 1스푼
- 식용유 2스푼
- 진간장 2스푼
- 굴소스 1스푼
- 케첩 ½스푼
- 물 2스푼
- 다진 마늘 1스푼
- 고춧가루 깎아서 1스푼
- 청양고추 1개
- 대파 ½대
- 물엿 2스푼
- 참기름 1스푼
- 통깨 ½스푼

1 감자 6개(480g)를 납작하게 7~8mm 두께로 썰어서 찬물에 담근 후에 전분기를 빼 주세요.

2 대파 ½대를 어슷 썰고, 청양고추 1개는 쫑쫑 썰어 주세요.

3 끓는 물에 천일염 깎아서 1스푼을 넣고 녹인 후에 전분기 뺀 감자를 넣어 40초만 데치고 찬물에 헹궈 주세요.

4 팬에 물기 뺀 감자, 식용유 2스푼을 넣고 3분 정도 볶아 주세요.

5 불을 줄이고 진간장 2스푼, 굴소스 1스푼, 케첩 ½스푼, 물 2스푼, 다진 마늘 1스푼, 고춧가루 깎아서 1스푼을 넣고 섞어 주세요.

6 준비한 청양고추, 대파, 물엿 2스푼을 넣고 섞어 윤기가 살아나면 불을 끄고 참기름 1스푼, 통깨 ½스푼을 넣어 마무리해 주세요.

17 브로콜리두부무침

재료
- 브로콜리 1송이(360g)
- 밀가루 1스푼
- 식초 2스푼
- 들기름 1스푼

양념
- 두부 200g
- 들깨가루 수북하게 1스푼
- 국간장 ½스푼
- 소금 ⅓스푼

1. 브로콜리가 잠길 정도의 물에 밀가루 1스푼, 식초 2스푼을 넣고 풀어 주세요.

2. 브로콜리 1송이(360g)의 밑동은 제거해 주세요. 억센 줄기 부분은 껍질을 벗기고 먹기 좋게 썰어 주세요.

3. 브로콜리를 밀가루 푼 물에 넣고 접시로 누른 다음, 10분 기다렸다가 헹궈 주세요.

4. 찜기에 브로콜리와 두부 200g을 함께 넣어 뚜껑을 닫은 채로 2분 30초 쪄 주세요. 이후 두부는 꺼내서 식혀 주고 브로콜리는 찬물에 헹궈 주세요.

5. **양념 만들기** 키친타월로 두부의 물기를 제거하고 국간장 ⅔스푼, 들깨가루 수북하게 1스푼, 소금 ⅓스푼과 함께 믹서기로 갈아 주세요.

6. 브로콜리에 믹서기로 간 양념, 들기름 1스푼을 뿌려서 골고루 섞어 주면 완성입니다.

18 퍼펙트고추장아찌

미리 준비하기 퍼펙트고추 1kg, 청양고추 10개를 깨끗하게 씻고, 물기가 하나도 없게 3시간 정도 말려 주세요.

재료
- 퍼펙트고추(할라피뇨) 1kg
- 청양고추 10개
- 대추 12개

간장물
- 물 3컵(600mL)
- 건다시마 10g
- 감초 1개
- 진간장 670mL
- 설탕 ½컵(100mL)
- 매실청 1컵(200mL)
- 식초 1컵(200mL)
- 소주 1컵(200mL)

1 물기 없는 퍼펙트고추 1kg, 청양고추 10개의 꼭지 끝부분을 가위로 잘라 낸 후에 포크로 아래쪽을 살짝 찔러 주세요.

2 **간장물 만들기** 냄비에 진간장 670mL, 물 3컵(600mL), 매실청 1컵(200mL), 설탕 ½컵(100mL), 건다시마 10g, 감초 1개를 넣고 끓어오를 때부터 약불로 5분 끓여 주세요.

point — 일반 고추장아찌는 진간장 3컵(600mL) 정도 넣지만, 퍼펙트고추는 수분 함량이 많아 조금 더 추가해 줘야 합니다.

3 5분이 지나면 불을 끄고 다시마는 건져 주세요.

4 식초 1컵(200mL), 소주 1컵(200mL)을 넣고 섞어 주세요.

5 간장물이 약간 뜨거울 때 퍼펙트고추, 청양고추에 부어 주고, 대추 12개를 넣어 주세요.

6 간장물이 완전히 식으면 통에 담고, 하루 정도 실온에 두었다가 냉장 보관해 주세요. 1년이 지나도 변하지 않습니다.

19   콩나물/무나물

재료
- 콩나물 200g
- 무 300g
- 물 1½컵(300mL)
- 건다시마 10g
- 소금 ⅓스푼
- 멸치액젓 1스푼
- 쪽파 3가닥
- 들기름 1스푼
- 통깨 1스푼

1
무 300g을 채 썰고, 건다시마 10g이 담긴 냄비에 함께 담아 주세요.

2
쪽파 3가닥을 쫑쫑 썰어 주세요.

3
냄비에 콩나물 200g, 물 1½컵(300mL)을 넣고 뚜껑을 닫아 주세요. 물이 끓어오를 때부터 강불로 4분 30초 삶아 주세요.

4
뚜껑을 열고 그대로 식혀 주세요.

5
다시마는 건져 주고 소금 ⅓스푼, 멸치액젓 1스푼, 들기름 1스푼, 준비한 쪽파, 통깨 1스푼을 골고루 뿌려 주세요.

6
콩나물과 무나물을 각각 가볍게 무쳐 주면 완성입니다.

20 가오리찜

재료
- 가오리 800g
- 천일염 1스푼
- 연와사비 4cm

양념
- 쪽파 5가닥
- 청양고추 2개
- 홍고추 1개
- 고춧가루 2스푼
- 설탕 깎아서 1스푼
- 다진 마늘 1스푼
- 진간장 3스푼
- 물 2스푼
- 참기름 1스푼
- 통깨 1스푼

1
가오리 800g에 천일염 1스푼을 골고루 섞고 20분 절여 주세요. 이후 2번 씻고 물기를 빼서 준비해 주세요.

point— 가오리 가시가 굉장히 억세기 때문에 반드시 두꺼운 장갑을 끼고 조심스레 씻어 주세요.

2
찜기의 물이 끓을 때 연와사비 4cm를 넣어서 풀어 주세요. 가오리의 비린내를 잡아 줍니다.

3
찜기에 실리콘 패드를 올린 후에 가오리를 넣고 15분 동안 뚜껑을 닫고 쪄 주세요. 불 세기는 처음 5분은 강불로, 다음 10분은 중불로 해 주세요.

4
쪽파 5가닥, 청양고추 2개, 홍고추 1개를 자잘하게 다져 주세요.

5
양념 만들기 준비한 쪽파, 청양고추, 홍고추에 고춧가루 2스푼, 설탕 깎아서 1스푼, 다진 마늘 1스푼, 진간장 3스푼, 물 2스푼, 참기름 1스푼, 통깨 1스푼을 섞어 양념을 만들어 주세요.

6
가오리가 다 쪄지면 30분 정도 식힌 후에 접시로 옮겨서 양념을 끼얹어 주면 완성입니다.

21 열무된장무침

재료
- 열무 300g
- 천일염 ½스푼
- 양파 ½개
- 다진 마늘 수북하게 1스푼
- 된장 2스푼
- 식초 1스푼
- 멸치액젓 1스푼
- 양파청(매실청) 1스푼
- 참기름 ½스푼
- 통깨 ½스푼

1
열무 300g의 뿌리 끝부분은 자르고, 더러운 부분은 긁어낸 후에 길게 반으로 자른 다음 3등분해 주세요.

2
손질된 열무에 물을 채우고 천일염 ½스푼을 녹여 5분 담가 놓았다가 헹궈서 준비해 주세요.

3
양파 ½개를 채 썰어서 열무와 함께 놓아 주세요.

4
믹싱볼에 된장 2스푼, 다진 마늘 수북하게 1스푼, 식초 1스푼, 멸치액젓 1스푼, 양파청(매실청) 1스푼, 참기름 1스푼, 통깨 1스푼을 섞어 양념을 만들어 주세요.

5
준비한 열무, 양파를 양념에 버무리면 완성입니다.

22 표고버섯볶음

미리 준비하기 물 ½컵(100mL)에 감자전분 깎아서 1스푼을 넣고 섞어 전분물을 만들어 주세요.

재료
- 생 표고버섯 7개(200g)
- 양파 ½개
- 꽈리고추 7개
- 마늘 5개
- 식용유 2스푼
- 물 ½컵(100mL)
- 감자전분 깎아서 1스푼
- 참기름 1스푼
- 통깨 1스푼

양념
- 설탕 ½스푼
- 들깨가루 1스푼
- 진간장 2스푼
- 굴소스 가볍게 1스푼
- 물 1스푼

1. 생 표고버섯 7개(200g)의 대공을 손으로 살짝 밀어서 떼고, 6~7mm 두께로 썰어 주세요.

   point— 표고버섯 대공은 말려서 육수 낼 때 사용하면 좋습니다.

2. 꽈리고추 7개는 크면 반으로 어슷 썰고, 작으면 그대로 사용합니다. 양파 ½개를 약간 두툼하게 채 썰어 주세요.

3. 마늘 5개를 편 썰어 주세요.

   point— 다진 마늘을 사용하면 나중에 볶았을 때 보기가 좋지 않습니다.

4. **양념 만들기** 설탕 ½스푼, 진간장 2스푼, 굴소스 가볍게 1스푼, 들깨가루 1스푼, 물 1스푼을 섞어 양념을 만들어 주세요.

5. 팬에 식용유 2스푼과 썰어 놓은 양파, 꽈리고추, 마늘을 넣고 1분 정도 센불로 볶아 주세요.

6. 중불로 줄이고 준비한 표고버섯, 양념을 넣고 3분 볶은 후에, 미리 준비한 전분물을 넣고 약불로 2분 더 볶아 주세요. 참기름 1스푼, 통깨 1스푼을 넣어 마무리해 주세요.

23 연근무침

미리 준비하기 물 1L에 천일염 1스푼을 녹여서 소금물을 만들어 주세요.
파프리카(태좌 제거) ½개를 자잘하게 다져서 준비해 주세요.

재료
- 연근 2개(450g)
- 물 1L
- 천일염 1 ½스푼
- 파프리카 ½개

- 순두부 1개
- 들깨가루 2스푼
- 소금 ⅓스푼
- 설탕 ½스푼

- 레몬즙(식초) 1스푼
- 검은깨 조금

1

연근 2개(450g)의 양 끝은 잘라 내고, 필러로 껍질을 깎은 후에 5mm 두께로 썰어서 소금물에 담가 주세요.

2

순두부 1개를 먹기 좋게 자른 후에 소금 2꼬집을 골고루 뿌려서 10분 절여 주세요.

3

연근이 잠길 정도의 끓는 물에 천일염 ½스푼을 녹여 주세요. 연근을 넣고 강불로 2분 데쳤다가 찬물로 충분히 헹군 후에 물기를 빼 주세요.

4

순두부에서 나온 물을 따라 내고, 전자레인지에 1분 30초 돌린 후에 물을 다시 따라 내 주세요.

5

순두부가 어느 정도 식으면 믹서기에 넣고 들깨가루 2스푼, 설탕 ½스푼, 소금 ⅓스푼, 레몬즙(식초) 1스푼과 함께 30초 갈아 주세요.

6

믹싱볼에 물기 뺀 연근, 믹서기로 간 순두부, 다진 파프리카를 넣고 가볍게 무쳐 주면 완성입니다.

point — 연근무침을 접시에 담고 위에 검은깨를 살짝 뿌려 주면 화룡점정입니다.

24 생굴무침

미리 준비하기 쪽파 10가닥을 4~5cm 간격으로 썰어 주세요.
청양고추 1개를 자잘하게 다져 주세요.

재료
- 무 350g
- 천일염 1½스푼
- 생굴 300g
- 쪽파 10가닥
- 청양고추 1개
- 참기름 1스푼

양념
- 고춧가루 4스푼
- 다진 마늘 1스푼
- 설탕 1스푼
- 매실청 2스푼
- 식초 3스푼

- 까나리액젓 2스푼
- 새우젓 국물만 1스푼
- 다진 생강 ⅓스푼
- 통깨 1스푼

1

무 350g을 채 썰어서 믹싱볼에 담아 주세요. 천일염 ½스푼을 넣고 섞어 20분 동안 절여 주세요.

2

생굴 300g이 잠길 정도의 물에 천일염 1스푼을 녹인 다음 굴을 넣고 가볍게 씻어 주고, 헹군 후에 물기를 빼 주세요.

3

절인 무를 양손으로 쥐고 꾹 짜서 믹싱볼에 담아 주세요.

4

물기 뺀 생굴은 참기름 1스푼으로 코팅을 해 주세요.

5

믹싱볼에 고춧가루 4스푼을 넣고 무에 1차 코팅을 해 준 후에 다진 마늘 1스푼, 까나리액젓 2스푼, 새우젓 국물만 1스푼, 매실청 2스푼, 설탕 1스푼, 다진 생강 ⅓스푼, 식초 3스푼, 미리 준비한 쪽파, 청양고추를 넣고 무쳐 주세요.

6

참기름에 코팅한 굴, 통깨 1스푼을 넣고 굴이 부서지지 않게 조심스레 무쳐 주면 완성입니다.

25 | 콜라비생채

재료
- 콜라비 1개(820g)
- 쪽파 5가닥
- 고춧가루 3스푼
- 다진 마늘 1스푼
- 까나리액젓 2스푼
- 진간장 2스푼
- 매실청 1스푼
- 식초 2스푼
- 참기름 1스푼
- 통깨 1스푼

1. 필러로 콜라비 1개(820g)의 껍질을 깎아 주세요. 딱딱한 부분은 칼로 도려내 주세요.

2. 5mm 두께로 썬 후에 자잘하게 채 썰어 주세요.

3. 쪽파 5가닥을 쫑쫑 썰어서 콜라비와 함께 담아 주세요.

4. 고춧가루 3스푼, 다진 마늘 1스푼, 까나리 액젓 2스푼, 진간장 2스푼, 매실청 1스푼, 식초 2스푼, 참기름 1스푼, 통깨 1스푼을 넣고 가볍게 무쳐 주면 완성입니다.

26 새송이버섯볶음

미리 준비하기 물 ½컵(100mL)에 건다시마 10g을 넣고 끓여서 다시마 우린 물을 만들어 주세요.

재료
- 새송이버섯 4개
- 다시마 우린 물 ⅓컵(70mL)
- 대파 20cm

양념
- 진간장 1스푼
- 굴소스 1스푼
- 조청 1스푼
- 참기름 1스푼
- 통깨 1스푼

1. 새송이버섯 4개를 각각 4등분한 후에 먹기 좋게 썰어 주세요.

2. 대파 20cm를 어슷 썰어 주세요.

3. 팬에 준비한 새송이버섯, 다시마 우린 물을 넣어 주세요. 끓어오를 때부터 뚜껑을 닫고 중약불로 4분 쪄 주세요.

4. 약불로 줄이고 진간장 1스푼, 굴소스 1스푼, 조청 1스푼을 넣고 2분 볶은 후에 대파, 참기름 1스푼, 통깨 1스푼을 넣어 살짝 볶아 주면 완성입니다.

27 메추리알장조림

재료

- 메추리알 500g
- 꽈리고추 10개
- 새송이버섯 2개
- 마늘 15개
- 편생강 2개

멸치육수

- 물 3컵(600mL)
- 굵은멸치 반 줌
- 건다시마 10g

조림장

- 진간장 ½컵(100mL)
- 까나리액젓 1스푼
- 설탕 1스푼
- 미림 1스푼
- 조청 2스푼

멸치육수 만들기 물 3컵(600mL)이 끓고 있을 때 굵은 멸치 반 줌, 건다시마 10g을 넣고 중약불로 12분 끓여 주세요. 다시마는 8분 정도 지나서 건져 주세요.

새송이버섯 2개를 깍둑 썰어 주세요. 꽈리고추 10개를 반으로 어슷 썰어 주세요.

육수의 멸치를 건져 내고 진간장 ½컵(100mL), 까나리액젓 1스푼, 설탕 1스푼, 미림 1스푼, 조청 2스푼을 넣어 충분히 저어 주세요.

메추리알 500g, 준비한 새송이버섯, 편생강 2개를 넣고 뚜껑을 닫은 채 중약불로 5분 끓여 주세요.

썰어 놓은 꽈리고추, 마늘 15개를 넣고 뚜껑을 닫은 채 중약불로 10분 졸이면 완성입니다.

28 | 콩자반

재료
- 서리태 1컵(200mL)
- 백태 1컵(200mL)
- 식용유 2스푼
- 물 4컵(800mL)
- 건다시마 15g
- 편생강 2개
- 진간장 3스푼
- 국간장 1스푼
- 설탕 1스푼
- 조청 3스푼
- 참기름 1스푼
- 통깨 1스푼

1. 서리태 1컵(200mL), 백태 1컵(200mL)를 깨끗하게 2번 씻고 물기를 충분히 빼 주세요.

2. 물기 뺀 콩을 팬에 넣어 주세요. 식용유 2스푼을 두르고 약불로 6분 볶아 주세요.

point— 콩을 식용유에 볶으면 껍질이 벗겨지는 것을 어느 정도 방지해 줍니다.

3. 콩이 어느 정도 노릇해지면 물 4컵(800mL), 건다시마 15g, 편생강 2개를 넣고 센불로 끓여 주세요.

4. 물이 끓어오르면 진간장 3스푼, 국간장 1스푼을 넣은 후에 뚜껑을 닫고 약불로 20분 졸여 주세요. (8분 정도 지나면 다시마는 건져 내 주세요.)

5. 설탕 1스푼, 조청 3스푼을 넣고 섞은 후에 생강을 건져 내 주세요.

6. 다시 뚜껑을 닫고 약불로 5분 더 졸였다가 불을 꺼 주세요. 참기름 1스푼, 통깨 1스푼을 넣어 마무리해 주세요.

29 진미채볶음

재료
- 진미채 300g
- 설탕 깎아서 1스푼
- 미림 3스푼
- 꽈리고추 10개
- 식용유 1스푼

양념
- 진간장 3스푼
- 다진 마늘 1스푼
- 땅콩버터 1스푼
- 조청쌀엿(물엿) 2스푼
- 물 1스푼
- 참기름 1스푼
- 통깨 1스푼

1. 진미채 300g에 설탕 깎아서 1스푼, 미림 3스푼을 넣고 손으로 조물조물해 주세요.

2. 전자레인지에 진미채를 1분 돌린 후에 먹기 좋게 가위로 자르고 펼쳐서 식혀 주세요.

3. 꽈리고추 10개를 반으로 어슷 썰고, 팬에 식용유 1스푼과 함께 중불로 2분 볶은 후에 식혀 주세요.

4. 팬에 진간장 3스푼, 다진 마늘 1스푼, 땅콩버터 1스푼, 조청쌀엿(물엿) 2스푼, 물 1스푼을 넣어 섞어 주세요.

5. 중약불로 켜고 계속 저어 주다가 양념이 맛있게 끓어오르면 불을 꺼 주세요.

6. 양념에 진미채, 꽈리고추, 참기름 1스푼, 통깨 1스푼을 넣고 불 꺼진 상태로 섞어 주면 완성입니다.

30 배추나물

재료
- 알배기배추 1개(600g)
- 천일염 1스푼
- 대파 20cm

양념
- 고춧가루 1스푼
- 다진 마늘 1스푼
- 된장 수북하게 1스푼
- 멸치액젓 1스푼
- 매실청 1스푼
- 참기름 1스푼
- 통깨 1스푼

1

알배기배추 1개(600g)를 4등분해서 뿌리는 제거하고, 속잎과 겉잎을 분리해 주세요.

2

냄비의 물이 끓을 때 천일염 1스푼을 넣어 녹여 주세요. 겉잎부터 넣어 주고 30초가 지나면 속잎을 넣고 뒤집어 가면서 1분 30초 더 데쳐 주세요.

3

배추를 찬물에 담가 헹군 후에 물기를 꾹 짜 주세요.

4

먹기 좋게 배추를 찢어 주세요.

5

대파 20cm를 쫑쫑 썰어서 배추와 함께 믹싱볼 한쪽에 담아 주세요.

6

고춧가루 1스푼, 된장 수북하게 1스푼, 다진 마늘 1스푼, 멸치액젓 1스푼, 매실청 1스푼, 참기름 1스푼, 통깨 1스푼을 섞은 다음 배추에 골고루 무쳐 주면 완성입니다.

31 | 냉이무침

재료
- 냉이 230g
- 천일염 1스푼
- 고춧가루 ½스푼
- 다진 마늘 ½스푼
- 설탕 2꼬집
- 된장 수북하게 1스푼
- 미원 1꼬집
- 참기름 1스푼
- 통깨 1스푼

1

냉이 230g을 깨끗하게 여러 번 씻고, 흙이 묻어 있는 부분을 칼로 긁어서 손질해 주세요.

2

냄비의 끓는 물에 천일염 1스푼을 녹이고, 냉이를 넣어 30초만 데쳐 주세요.

3

데친 냉이를 찬물에 헹구고 양손으로 잡아 물기를 꾹 짜 주세요.

4

도마에 냉이를 펼쳐서 먹기 좋게 썰어 주세요.

5

믹싱볼에 고춧가루 ½스푼, 다진 마늘 ½스푼, 설탕 2꼬집, 된장 수북하게 1스푼, 미원 1꼬집, 참기름 1스푼, 통깨 1스푼을 넣어 섞어 양념을 만들어 주세요.

point — 미원은 취향껏 조절해 주세요.

6

준비한 냉이를 양념에 조물조물 무쳐 주면 완성입니다.

32 세발나물무침

재료
- 세발나물 250g
- 천일염 1스푼
- 된장 1스푼
- 다진 마늘 ½스푼
- 매실청 ½스푼
- 참기름 1스푼
- 통깨 1스푼

냄비의 끓는 물에 천일염 1스푼을 넣어 녹인 후에 세발나물 250g을 넣어 딱 10초만 데쳐 주세요.

찬물에 세발나물을 헹구고, 양손으로 쥐고 물기를 꾹 짜 주세요.

믹싱볼에 된장 1스푼, 다진 마늘 ½스푼, 매실청 ½스푼, 참기름 1스푼, 통깨(빻아서) 1스푼을 섞어 양념을 만들어 주세요.

준비한 세발나물을 양념에 조물조물 무쳐 주면 완성입니다.

33 가죽나물무침

재료
- 가죽나물 200g
- 천일염 1스푼
- 고추장 2스푼
- 다진 마늘 ½스푼
- 매실청 1스푼
- 참기름 1스푼
- 통깨 1스푼

1. 가죽나물 200g의 끝부분 3cm 정도를 제거하고 전잎을 골라내 주세요.

2. 냄비의 끓는 물에 천일염 1스푼을 넣어 녹인 후에 가죽나물을 넣고 1분만 데쳐 주세요.

3. 가죽나물을 찬물에 헹군 후에 양손으로 쥐고 물기를 꾹 짜고, 도마로 옮겨 먹기 좋게 썰어서 믹싱볼에 담아 주세요.

4. 믹싱볼에 다진 마늘 ½스푼, 고추장 2스푼, 매실청 1스푼, 참기름 1스푼, 통깨(빻아서) 1스푼을 넣고 조물조물 무쳐 주면 완성입니다.

34 오삼불고기

재료
- 오징어 1마리
- 미림 2스푼
- 오겹살 300g
- 소금 1꼬집
- 대파 1대
- 양파 ½개
- 양배추 100g
- 청양고추 2개
- 홍고추 1개
- 당근 40g
- 통깨 1스푼

양념
- 고춧가루 3스푼
- 설탕 ½스푼
- 진간장 3스푼
- 된장 ½스푼
- 굴소스 1스푼
- 다진 마늘 수북하게 1스푼
- 조청 2스푼
- 고추장 2스푼
- 생수 2스푼

1
오겹살 300g에 미림 1스푼, 소금 1꼬집을 넣고 조물조물해서 20분 동안 밑간해 주세요.

2
오징어 1마리의 몸통과 다리를 분리하고 먹기 좋게 썰어 준 후에 미림 1스푼을 넣어 조물조물해 주세요.

3
당근 40g, 양파 ½개를 채 썰어 주세요. 대파 1대를 어슷 썰어 주세요. 청양고추 2개, 홍고추 1개를 쫑쫑 썰어 주세요.

4
양념 만들기 고춧가루 3스푼, 설탕 ½스푼, 진간장 3스푼, 된장 ½스푼, 굴소스 1스푼, 다진 마늘 수북하게 1스푼, 조청 2스푼, 고추장 2스푼, 생수 2스푼을 섞어 양념을 만들어 주세요.

5
팬에 밑간한 오겹살을 넣고 센불로 노릇노릇할 때까지 볶은 다음 다른 그릇에 옮겨 주세요.

point― 오겹살이 아닌 앞다릿살이나 목살로 할 때는 식용유를 약간 넣어서 볶아 주세요.

6
오겹살 기름이 약간 남은 팬에 준비한 대파, 당근, 양파, 청양고추, 홍고추, 양배추 100g을 넣고 중불로 3분 30초 볶은 후에 오징어와 오겹살, 양념을 넣고 2분 30초 더 볶아 주세요. 마지막으로 통깨 1스푼을 뿌리면 완성입니다.

point― 채소 볶을 때 기름이 너무 없으면 식용유를 약간 더 넣어 주세요.

35 양송이볶음

미리 준비하기 물 ½컵(100mL)에 다시마 50g을 넣어 충분히 끓여서 다시마 우린 물을 준비해 주세요.

재료
- 양송이 8개
- 꽈리고추 7개
- 파프리카 ½개
- 마늘 5개
- 식용유 1스푼
- 참기름 ½스푼
- 통깨 1스푼
- 후추 2꼬집

양념
- 다시마 우린 물 ⅓컵(70mL)
- 진간장 1스푼
- 굴소스 1스푼
- 조청 ½스푼

1

양송이 8개의 꼭지는 제거하고 4등분해서 팬에 담아 주세요.

2

꽈리고추 7개를 각각 3등분해 주세요. 파프리카 ½개를 먹기 좋게 썰어 주세요. 마늘 5개를 각각 반으로 썰어서 모두 팬에 담아 주세요.

3

양념 만들기 다시마 우린 물 ⅓컵(70mL)에 진간장 1스푼, 굴소스 1스푼, 조청 ½스푼을 섞어 양념을 만들어 주세요.

4

팬에 식용유 1스푼을 두르고 2분 볶아 주세요.

5

양념을 붓고 잘 배어들게 섞은 후에 뚜껑을 닫고 중불로 3분 졸여 주세요.

6

강불로 볶으면서 물기가 어느 정도 사라졌을 때 참기름 ½스푼, 통깨 1스푼, 후추 2꼬집을 넣고 섞어 주면 완성입니다.

36 부추짜박이

재료
- 부추 1줌(120g)
- 콜라비 50g
- 청양고추 2개
- 홍고추 1개
- 마늘 3개

양념
- 고춧가루 수북하게 1스푼
- 진간장 4스푼
- 멸치액젓 1스푼
- 참기름 1스푼
- 설탕 ½스푼
- 통깨 1스푼

1
부추 1줌(120g), 콜라비 50g, 청양고추 2개, 홍고추 1개, 마늘 3개를 자잘하게 다져 주세요.

point — 콜라비가 들어가면 아삭아삭 씹히는 식감이 무척 좋습니다. 콜라비가 없다면 무로 대체해도 됩니다.

2
다진 재료에 고춧가루 수북하게 1스푼, 설탕 ½스푼, 진간장 4스푼, 멸치액젓 1스푼, 참기름 1스푼, 통깨 1스푼을 넣고 조심스레 섞어 주면 완성입니다.

3
유리병에 담아 냉장 보관한 상태로 조금씩 꺼내 먹으면 됩니다.

국 / 찌개

- 오이참외냉국
- 쉬운 육개장
- 들깨미역국
- 고등어무조림
- 콩나물국밥
- 들깨두부탕
- 매생이굴떡국
- 떡만둣국
- 순두부달걀탕
- 콩나물뭇국
- 얼큰소고기뭇국
- 굴미역국
- 감자탕
- 달걀된장국

01 오이참외냉국

재료
- 참외 1개
- 오이 2개
- 청양고추 2개
- 홍고추 1개
- 양파 ½개
- 마늘 3개
- 통깨 1스푼
- 얼음 적당량

국물
- 생수 1.2L
- 천일염 1스푼
- 설탕 1스푼
- 국간장 2스푼
- 멸치액젓 2스푼
- 매실청 3스푼
- 식초 ¼컵(50mL)
- 레몬즙 2스푼

1
참외 1개, 오이 2개, 양파 ½개, 홍고추(씨 제거) 1개는 채 썰고, 청양고추 2개, 마늘 3개는 다져서 준비해 주세요.

point — 참외와 오이는 껍질을 그대로 사용하기 때문에 깨끗하게 씻어 주세요.

2
국물 만들기 생수 1.2L에 천일염 1스푼, 설탕 1스푼, 국간장 2스푼, 멸치액젓 2스푼, 매실청 3스푼, 식초 ¼컵(50mL), 레몬즙 2스푼을 넣고 섞어 주세요.

3
준비한 오이, 참외, 양파, 홍고추, 청양고추, 마늘을 넣어 주세요.

4
통깨 1스푼을 넣고 골고루 섞어 주면 완성입니다.

point — 완성된 오이참외냉국은 따로 그릇에 담아 얼음을 적당량 넣어 먹으면 됩니다.

02 쉬운 육개장

미리 준비하기 달걀 2개를 풀어 주세요.

재료
- 우삼겹 400g
- 대파 2대
- 미림 3스푼
- 콩나물 300g
- 무 300g
- 느타리버섯 150g
- 사골국물 400mL

- 물 1L
- 달걀 2개
- 식용유 3스푼
- 청양고추 2개
- 고춧가루 5스푼
- 다진 마늘 2스푼
- 된장 ½스푼

- 국간장 3스푼
- 까나리액젓 2스푼
- 소금 ½스푼
- 후추 3꼬집
- 참기름 1스푼

1. 굵직한 대파 2대를 길게 반으로 나눈 다음 5cm 간격으로 큼직하게 썰어 주세요. 무 300g을 4등분한 후에 나박 썰어 주세요. 청양고추 2개를 자잘하게 썰어 주세요.

2. 냄비에 식용유 3스푼을 두르고, 준비한 대파의 ⅔를 넣어서 2분 정도 볶은 후에 우삼겹 400g, 미림 3스푼을 넣고 계속 볶아 주세요.

3. 다진 마늘 2스푼, 고춧가루 5스푼을 넣고 고기가 익을 때까지 볶은 후에 준비한 무, 청양고추를 넣고 3분 더 볶아 주세요.

4. 사골국물 400mL, 된장 ½스푼, 물 1L, 국간장 3스푼, 까나리액젓 2스푼을 넣고 충분히 저은 후에 뚜껑을 닫은 채로 5분 끓여 주세요.

5. 느타리버섯 150g, 콩나물 300g, 나머지 대파를 넣고 뚜껑을 닫은 채로 3분 더 끓여 주세요.

6. 소금 ½스푼, 풀어 놓은 달걀, 후추 3꼬집, 참기름 1스푼을 넣고 저어 주면 완성입니다.

point ― 달걀을 넣고 바로 젓지 말고 15초 정도 두었다가 저어야 보기 좋습니다.

03 들깨미역국

미리 준비하기 건미역 25g을 20분 동안 미지근한 물에 담가서 불려 주세요.

재료
- 건미역 25g
- 미림 3스푼
- 물 1.5L
- 코인육수 2개
- 들깨가루 3스푼
- 소금 깎아서 1스푼

1
불린 미역에 미림 3스푼을 넣고 손으로 바락바락 문질러서 5분간 놓아 주세요.

2
미역을 2번 헹구고 물기를 꾹 짜 주세요.

3
미역을 먹기 좋게 썰어서 냄비에 담아 주세요.

4
냄비에 물 1L, 코인육수 2개를 넣은 후에 뚜껑을 닫고 중불로 15분 끓여 주세요.

point— 코인육수가 없다면 물 1L에 국간장, 멸치액젓, 다진 마늘, 양파를 추가해서 간을 조절해 주세요.

5
15분이 지나면 물 500mL, 들깨가루 3스푼, 소금 깎아서 1스푼(취향껏 조절)을 넣고 충분히 저어 주세요.

6
뚜껑을 닫지 않은 채 중약불로 10분 더 끓여 주면 완성입니다.

04 고등어무조림

미리 준비하기 무 700g을 2cm 간격으로 약간 두껍게 썰어 주세요.

재료
- 생 고등어 3마리
- 천일염 깎아서 1스푼
- 무 700g
- 물 3컵(600mL)
- 건다시마 10g
- 대파 1대
- 양파 ½개
- 청양고추 2개

양념
- 고춧가루 3½스푼
- 진간장 3스푼
- 국간장 2스푼
- 미림 2스푼
- 다진 생강 ⅓스푼
- 양파청 건더기(물엿) 수북하게 1스푼
- 다진 마늘 수북하게 1스푼

1

생 고등어 3마리를 천일염 깎아서 1스푼으로 밑간해 주세요.

point— 자반고등어보다는 생 고등어에 밑간하는 것이 더 맛있습니다.

2

냄비에 물 3컵(600mL), 건다시마 10g, 미리 준비한 무 700g을 넣고 12분 삶아 주세요.

3

대파 1대를 크게 어슷 썰고, 양파 ½개, 청양고추 2개를 채 썰어 주세요.

4

양념 만들기 고춧가루 3스푼, 다진 마늘 수북하게 1스푼, 다진 생강 ⅓스푼, 진간장 3스푼, 국간장 2스푼, 미림 2스푼, 양파청 건더기(물엿) 수북하게 1스푼을 섞어 양념을 만들어 주세요.

5

냄비의 다시마는 건져 주세요. 고등어, 양념을 넣고 중불로 10분 동안 뚜껑을 닫아서 끓여 주세요.

6

준비한 대파, 양파, 청양고추를 넣고 약불로 5분 졸인 후에 고춧가루 ½스푼을 넣고 다시 5분 졸여 주면 완성입니다.

05 콩나물국밥

미리 준비하기 작은 오징어 1마리를 물 400mL에 데치고, 자잘하게 썰어서 준비해 주세요.(오징어 데친 물은 버리지 않습니다.)

재료 (2인분)

- 콩나물 300g
- 물 2컵(400mL)
- 대파 ½대
- 청양고추 1개
- 다진 마늘 1스푼
- 새우젓 1스푼
- 달걀 2개
- 김가루 조금

- 고춧가루 조금
- 작은 오징어 1마리

육수
- 물 1.5L
- 황태머리 2개
- 디포리 10개
- 무 200g

- 양파 ¼개
- 건다시마 10g
- 미림 2스푼
- 무 200g
- 대파 파란 부분 조금
- 콩나물 삶은 물
- 오징어 데친 물

1

육수 만들기 끓는 물 1.5L에 무 200g, 양파 ¼개를 적당하게 썰어 넣고 황태머리 2개, 디포리 10개, 대파 파란 부분 조금, 건다시마 10g과 함께 중불로 20분 끓여 주세요.

2

대파 ½대, 청양고추 1개를 쫑쫑 썰어 주세요.

3

냄비에 콩나물 300g을 넣고 가운데에 홈을 파 준 후에 물 2컵(400mL)을 부어 주세요. 뚜껑을 닫고 끓어 오를 때부터 강불로 3분 삶아 주세요.

4

육수에 콩나물 삶은 물, 오징어 데친 물을 부어 주고 콩나물은 찬물에 헹궈 주세요.

5

육수 건더기를 모두 건져 주세요. 체에 새우젓 1스푼, 다진 마늘 1스푼을 담아 육수에 풀어 주고 미림 2스푼을 섞어 주세요.

point— 간을 보고 심심하다면 새우젓 국물로 조절해 주세요.

6

뚝배기에 밥, 콩나물, 육수, 오징어, 대파, 청양고추, 김가루 조금, 고춧가루 조금, 달걀 1개씩 순서대로 넣고 끓여 주면 완성입니다.

06 들깨두부탕

재료
- 두부 1팩(230g)
- 무 250g
- 국간장 2스푼
- 물 1.2L
- 국물멸치 1줌
- 건다시마 15g
- 새우젓 ½스푼
- 다진 마늘 ½스푼
- 들깨가루 4스푼
- 대파 15cm

1. 무 250g을 약간 두껍게 나박 썰고, 국간장 2스푼을 넣어 20분 절여 주세요.

2. 냄비의 물 1.2L가 끓고 있을 때 건다시마 15g, 국물 멸치 1줌을 넣고 중불로 10분 끓여 주세요.

3. 두부 1팩(230g)을 깍둑 썰어 주세요. 대파 1대를 쫑쫑 썰어 주세요. 새우젓 ½스푼을 가위로 다져 주세요.

4. 육수의 다시마, 멸치를 건져 내고 절여 놓은 무(간장까지)를 넣어 주세요. 뚜껑을 닫고 중약불로 10분 끓여 주세요.

5. 준비한 두부, 다진 새우젓, 들깨가루 4스푼을 넣어 주세요. 뚜껑을 닫고 중약불로 7분 더 끓여 주세요.

6. 다진 마늘 ½스푼, 준비한 대파를 넣고 섞어 주면 완성입니다.

07 매생이굴떡국

미리 준비하기 대파 흰 부분 20cm를 쫑쫑 썰어서 준비해 주세요.

재료
- 매생이 1타래(300g)
- 천일염 2스푼
- 생굴 300g
- 떡국떡 300g
- 물 1.3L
- 국물멸치 1줌
- 건다시마 15g
- 국간장 2스푼
- 다진 마늘 ½스푼
- 대파 흰 부분 20cm
- 참기름 1스푼

1. 채반에 매생이 1타래(300g), 천일염 1스푼, 물을 조금 넣고 가볍게 조물조물 씻은 후에 한 번 헹궈서 물기를 충분히 빼 주세요.

2. 양재기에 물을 조금 받고 천일염 1스푼을 풀어 주세요. 생굴 300g을 넣어 조심스레 씻고 채반에 담아 주세요.

3. 떡국떡 300g이 잠길 정도의 물을 붓고 20분 동안 불린 후에 물을 버려 주세요.

4. 냄비의 물 1.3L가 끓고 있을 때 국물멸치 1줌, 건다시마 15g을 넣고 10분 끓여 주세요.

5. 멸치와 다시마를 건져 내고 떡국떡을 넣어 3분 먼저 끓여 주세요. 3분이 지나면 매생이, 국간장 2스푼, 다진 마늘 ½스푼, 생굴 300g, 미리 준비한 대파를 넣고 저어 주세요.

6. 뚜껑을 닫고 중불로 3분 더 끓인 후에 참기름 1스푼을 둘러 마무리해 주세요.

point ― 물이 적어 보이면 추가해 주고, 많아 보이면 조금 더 끓여 주세요.

08 떡만둣국

재료

- 고기만두 8개
- 떡국떡 300g
- 대파 ½대
- 양파 ¼개
- 물 1.5L
- 건다시마 15g
- 사골국물 ½컵(100mL)
- 국간장 1스푼
- 소금 ⅓스푼
- 다진 마늘 ½스푼
- 달걀 1개
- 당근 30g
- 김가루 조금
- 후추 2꼬집

1
떡국떡 300g, 고기만두 8개에 미지근한 물을 부어서 3분 동안 담가 주세요.

2
만두를 내열접시에 담아 전자레인지에 1분 30초 돌려 주세요.

3
당근 30g, 양파 ¼개를 채 썰어 주세요. 대파 ½대를 쫑쫑 썰어 주세요.

4
냄비의 물 1.5L가 끓고 있을 때 건다시마 15g을 넣고 3분 30초 끓여 주세요.

5
냄비에 물 뺀 떡국떡, 다진 마늘 ½스푼, 국간장 1스푼, 사골국물 ½컵(100mL), 전자레인지에 돌린 고기만두를 넣어 주세요.

6
건다시마를 건져 주세요. 끓어오를 때부터 6분이 지나면 썰어 놓은 양파, 당근, 소금 ⅓스푼, 달걀 1개를 넣고 충분히 저어 준 후에 대파, 후추 2꼬집, 김가루를 조금 넣으면 완성입니다.

09 순두부달걀탕

미리 준비하기 새우젓 1스푼을 가위로 자잘하게 다져 주세요.

재료
- 물 4컵(800mL)
- 코인육수 2개
- 새우젓 1스푼
- 순두부 1개
- 다진 마늘 ½스푼
- 달걀 3개
- 미림 1스푼
- 대파 20cm

1
냄비에 물 4컵(800mL), 코인육수 2개, 다진 새우젓을 넣고 끓여 주세요.

point— 코인육수가 없다면 국물 멸치, 건다시마, 국간장으로 육수를 미리 만들어 주세요.

2
달걀 3개에 미림 1스푼을 넣고 살짝 풀어 주세요.

3
대파 20cm를 쫑쫑 썰어 주세요. 순두부 1개를 반으로 잘라 주세요.

4
냄비에 다진 마늘 ½스푼, 순두부를 넣고 숟가락으로 순두부를 적당한 크기로 잘라 주세요.

5
떠오르는 불순물은 국자로 건져 주고, 풀어 놓은 달걀을 빙빙 돌리면서 넣어 주세요.

point— 달걀을 넣고 바로 젓지 말고 15초 정도 두었다가 저어야 보기 좋습니다.

6
썰어 놓은 대파를 넣고, 소금이나 물로 최종 간을 맞추면 완성입니다.

10 | 콩나물뭇국

미리 준비하기 새우젓 1스푼을 가위로 자잘하게 다져 주세요.

재료
- 물 1.4L
- 건다시마 15g
- 콩나물 300g
- 무 300g
- 대파 20cm
- 청양고추 1개
- 다진 마늘 ½스푼
- 새우젓 1스푼
- 맛소금 ⅓스푼

1. 냄비에 물 1.4L, 건다시마 15g을 넣고 끓여 주세요.

2. 무 300g을 얇게 채 썰어서 냄비에 넣고, 뚜껑을 닫은 채로 2분 끓여 주세요.

3. 냄비에 콩나물 300g을 넣은 후에 다시 뚜껑을 닫고 4분 끓여 주세요.

4. 대파 20cm, 청양고추 1개를 쫑쫑 썰어 주세요.

5. 다시마는 건지고 불순물을 제거한 후에 다진 마늘 ½스푼, 다진 새우젓, 맛소금 ⅓스푼, 대파, 청양고추를 넣고 잘 저어 주세요.

6. 뚜껑을 닫고 중불로 1분만 더 끓이면 완성입니다.

11 얼큰소고기뭇국

미리 준비하기 끓는 물 1.2L에 건다시마 15g을 넣어 7분 끓여서 다시마 우린 물을 만들어 주세요.

재료

- 무 350g
- 국간장 3스푼
- 소고기 양지 300g
- 미림 2스푼
- 대파 2대
- 청양고추 2개
- 다진 마늘 1스푼
- 고춧가루 3스푼
- 건다시마 15g
- 물 1.6L
- 까나리액젓 1스푼
- 콩나물 150g
- 느타리버섯 50g
- 소금 ⅓스푼
- 후추 3꼬집

1
무 350g은 나박 썰고, 국간장 3스푼을 넣어 20분 절여 주세요.

2
소고기 양지 300g의 위아래에 키친타월을 놓고 꾹 눌러서 핏물을 제거해 주세요.

3
대파 2대를 길게 반으로 나눈 다음 4~5cm 간격으로 썰어 주세요. 청양고추 2개를 쫑쫑 썰어 주세요.

4
냄비에 핏물 뺀 소고기 양지, 미림 2스푼을 넣고 강불로 충분히 볶은 후에 다진 마늘 1스푼, 청양고추, 대파는 절반만 넣고 다시 2분 볶아 주세요.

5
절여 놓은 무, 고춧가루 3스푼을 넣고 2분 더 볶은 후에 다시마 우린 물, 까나리액젓 1스푼을 넣고 뚜껑을 닫은 채 중약불로 25분 끓여 주세요.

6
물 2컵(400mL), 콩나물 150g, 남겨 놓은 대파, 느타리버섯 50g을 넣고 약불로 10분 끓인 후에 소금 ⅓스푼, 후추 3꼬집을 넣어 섞어 주면 완성입니다.

12 굴미역국

<u>미리 준비하기</u> 건미역 25g을 30분 동안 불려서 준비해 주세요.

재료
- 건미역 25g
- 생굴 200g
- 천일염 깎아서 1스푼
- 미림 3스푼
- 알배기배추 ¼포기
- 물 1.5L
- 멸치 반 줌
- 다진 마늘 ½스푼
- 국간장 1스푼
- 까나리액젓 1스푼
- 소금 ½스푼

1

2

3

불린 미역에 미림 3스푼을 넣고 조물조물 치댄 후에 헹구고, 가위로 먹기 좋게 잘라 주세요.

굴이 잠길 정도의 물에 천일염 깎아서 1스푼을 녹이고, 생굴 200g을 넣어 조심스레 씻은 후에 한 번 헹구고 물기를 빼 주세요.

point — 굴 껍데기가 남아 있지 않도록 잘 확인해 주세요.

알배기배추 ¼포기의 뿌리 부분은 제거하고 4~5cm 간격으로 썰어 주세요.

4

5

6

냄비에 준비한 미역, 물 1컵(200mL), 국간장 1스푼을 넣고 1분 30초 정도 볶아 주세요.

육수망에 멸치 반 줌, 다진 마늘 ½스푼을 담아서 물 1L와 함께 냄비에 넣은 후에 뚜껑을 닫고 약불로 15분 끓였다가 육수망은 건져 주세요.

물 1½컵(300mL), 까나리 액젓 1스푼, 소금 ½스푼을 넣고, 물이 끓어오를 때 준비한 생굴, 알배기배추를 넣은 후에 뚜껑을 닫고 3분 더 끓여 주면 완성입니다.

13 감자탕

미리 준비하기 돼지등뼈 2.4kg를 물에 담그고, 설탕 2스푼을 섞어 30분 담가서 핏물을 빼 주세요. / 대파 1대를 길게 반으로 나눈 다음 어슷 썰어 주세요. / 청양고추 3개를 쫑쫑 썰어 주세요.

재료
- 돼지등뼈(냉장육) 2.4kg
- 소주 ½컵(100mL)
- 통후추 1스푼
- 물 4L
- 대파 1대
- 마늘 7개
- 된장 1스푼
- 감자 5개
- 천일염 1스푼

- 우거지 500g
- 대파 1대
- 청양고추 3개
- 깻잎 12장
- 볶은 들깨가루 수북하게 3스푼
- 후추 3꼬집
- 고춧가루 1스푼

양념
- 고춧가루 3스푼
- 된장 수북하게 2스푼
- 다진 마늘 수북하게 2스푼
- 새우젓 1스푼
- 다진 생강 ⅓스푼
- 소금 깎아서 1스푼
- 미원 ¼스푼
- 물 ½컵(100mL)

 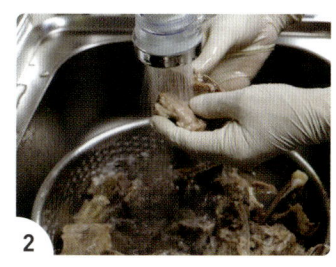 

1 핏물 뺀 돼지등뼈 2.4kg를 곰솥에 담고, 잠길 정도로 물을 채워 주세요. 소주 ½컵(100mL), 통후추 1스푼을 넣고 끓어오를 때부터 5분 초벌 삶아 주세요.

point— 돼지등뼈가 냉동육일 때는 생강, 월계수잎을 추가로 넣어 주세요.

2 찬물에 돼지등뼈를 씻으면서 남아 있는 뼛가루를 제거한 후 곰솥에 다시 담고 물 4L를 넣어 주세요.

3 곰솥에 다시 불을 켜고 마늘 7개, 된장 1스푼, 대파(반으로 나눠) 1대를 넣어 주세요. 뚜껑을 닫고 끓어오를 때부터 중불로 1시간 40분 삶아 주세요.

4 감자 5개의 껍질을 벗기고 반으로 나눠 물에 담가 주세요. 천일염 1스푼을 풀어 골고루 섞은 후에 1시간 절여 주세요.

point— 소금물에 감자를 절이면 녹말이 빠지면서 감자가 부서지지 않고 단단해집니다.

5 고춧가루 3스푼, 다진 마늘 수북하게 2스푼, 다진 생강 ⅓스푼, 된장 수북하게 2스푼, 새우젓 1스푼, 소금 깎아서 1스푼, 미원 ¼스푼, 물 ½컵(100mL)을 섞어 양념을 만들고, 우거지 500g에 양념 3스푼을 넣어 조물조물 밑간을 해 주세요.

6 곰솥에서 돼지등뼈를 꺼내 냄비에 담고, 삶은 육수도 체에 밭쳐 냄비에 담아 주세요. 준비한 감자, 우거지, 청양고추, 깻잎, 대파, 양념, 볶은 들깨가루 수북하게 3스푼, 후추 3꼬집을 넣고 충분히 끓었을 때 고춧가루 1스푼을 골고루 뿌린 뒤 뚜껑을 덮고 15분 끓여 주면 완성입니다.

14 달걀된장국

재료
- 달걀 2개
- 물 1L
- 굵은멸치 반 줌
- 건다시마 10g
- 된장 2스푼
- 다진 마늘 ½스푼
- 팽이버섯 ⅓봉지
- 대파 20cm

1

2

3

냄비에 물 1L, 굵은멸치 반 줌, 건다시마 10g을 넣고 중약불로 10분 끓인 후에 멸치와 다시마를 건져 주세요.

point— 굵은멸치를 전자레인지에 30초 돌리면 비린내가 덜 납니다.

팽이버섯 ⅓봉지, 대파 20cm를 자잘하게 쫑쫑 썰어 주세요.

달걀 2개를 풀어서 준비해 주세요.

4

5

6

멸치육수에 된장 2스푼을 푼 다음 달걀물을 붓고 15초 후에 저어 주세요.

준비한 팽이버섯, 대파, 다진 마늘 ½스푼을 넣어 주세요.

최종 간을 봐 주세요. 간간하면 물을 추가하고, 심심하면 소금을 추가하면 완성입니다.

김치

- ☐ 알배추겉절이
- ☐ 깻잎김치
- ☐ 양배추김치
- ☐ 쪽파겉절이
- ☐ 양파김치
- ☐ 오이깍두기
- ☐ 절임배추 김장김치(40kg)
- ☐ 가지김치
- ☐ 총각김치
- ☐ 알배추물김치
- ☐ 우엉김치
- ☐ 가을 석박지
- ☐ 봄동겉절이
- ☐ 봄 물김치
- ☐ 오이물김치
- ☐ 얼갈이백김치
- ☐ 얼갈이겉절이

01 알배추겉절이

미리 준비하기 쪽파 1줌을 4~5cm 간격으로 썰어 주세요.

재료

- 알배추 2통(1.6kg)
- 천일염 7부(110g)
- 쪽파 반 줌
- 고춧가루 7부(70g)
- 매실청 2스푼
- 통깨 1스푼

믹서기에 갈 재료
- 배 ¼개
- 양파 ½개
- 홍고추 5개
- 청양고추 2개
- 식은 밥 2스푼

- 마늘 1줌
- 생강 1톨
- 새우젓 2스푼
- 멸치액젓 ⅓컵(70mL)
- 생수 ½컵(100mL)

1
알배추 2통(1.6kg)을 먹기 좋게 썰고, 1번 씻은 후에 천일염 7부(110g)를 넣어서 40분 절여 주세요.

2
배 ¼개, 양파 ½개, 홍고추 5개, 청양고추 2개, 생강 1톨을 믹서기에 갈기 좋게 썰어서 넣어 주고, 마늘 1줌, 식은 밥 2스푼, 새우젓 2스푼, 멸치액젓 ⅓컵(70mL), 생수 ½컵(100mL)을 같이 넣어 갈아 주세요.

point— 홍고추 2개 분량은 따로 빼놓았다가 믹서기에 넣은 재료가 다 갈아졌을 때 추가로 넣고 살짝 돌려 주면 양념 색깔이 더욱 좋아집니다.

3
절여진 알배추의 물을 갈아 주면서 2번 헹군 후에 물기를 빼 주세요.

4
믹서기로 간 양념에 고춧가루 7부(70g), 매실청 2스푼, 통깨 1스푼을 넣고 섞어 주세요.

5
양념에 쪽파를 넣고 섞어 주세요.

point— 쪽파 대신 미나리를 넣어도 별미입니다.

6
물기 뺀 알배추를 넣고 버무려 주면 완성입니다.

02 깻잎김치

미리 준비하기 [깻잎 세척] 잠길 정도의 물에 식초 1스푼을 넣어 깻잎을 10분 정도 담가 놓았다가 흐르는 물에 씻어 주세요.

재료
- 깻잎 100장
- 작은 양파 1개
- 사과 ½개
- 청양고추 2개
- 홍고추 2개
- 쪽파 반 줌

양념
- 다진 마늘 2스푼
- 고춧가루 5스푼
- 진간장 5스푼
- 멸치액젓 2스푼
- 양파청(매실청) 3스푼
- 참기름 1스푼
- 통깨 1½스푼
- 생수 ½컵(100mL)

1. 씻은 깻잎 100장의 꼭지를 절반 정도 가위로 잘라 내고, 물기를 완전히 제거해 주세요.

2. 양파 1개, 사과(씨 제거) ½개를 얇게 채 썰고, 청양고추 2개, 홍고추 2개, 쪽파 반 줌을 자잘하게 다져 주세요.

3. **양념 만들기** 준비한 채소에 다진 마늘 2스푼, 고춧가루 5스푼, 진간장 5스푼, 멸치액젓 2스푼, 양파청(매실청) 3스푼, 참기름 1스푼, 통깨 1½스푼, 생수 ½컵(100mL)을 넣고 섞어 주세요.

4. 깻잎에 양념을 아주 조금씩 발라 주세요.

5. 양념을 바른 깻잎 위에 다시 깻잎을 1장씩 올려서 양념 바르는 과정을 반복해 주세요.

03 | 양배추김치

재료
- 양배추 ½통(1.3kg)
- 부추 60g
- 고구마 2개(250g)

양념
- 고춧가루 70g
- 다진 마늘 수북하게 2스푼
- 천일염 수북하게 1스푼
- 멸치액젓 4스푼
- 새우젓 1스푼
- 양파청 3스푼(설탕 1스푼)
- 통깨 1스푼

1 양배추 ½통(1.3kg)의 심지를 제거하고 5등분한 후에 먹기 좋게 썰어서 물에 10분 동안 담가 주세요.

point— 양배추를 절이면 아삭아삭한 식감이 덜해서 절이지 않고 사용합니다.

2 고구마 2개(250g)의 껍질을 깎아 굵게 채 썰고, 찬물에 담가 전분기를 빼 주세요. 부추 60g을 5cm 간격으로 썰어 주세요.

3 양배추와 고구마를 깨끗하게 헹군 후에 물기를 빼서 준비해 주세요.

4 새우젓 1스푼을 가위로 잘게 다져 주세요.

5 김치 담글 통에 물기 뺀 양배추, 천일염 수북하게 1스푼을 넣고 살짝 섞어 주세요.

6 다진 마늘 수북하게 2스푼, 다진 새우젓, 멸치액젓 4스푼, 양파청 3스푼(설탕 1스푼), 고춧가루 70g, 물기 뺀 고구마, 통깨 1스푼을 넣고 충분히 섞은 후에 부추를 넣어 주면 완성입니다.

04 쪽파겉절이

재료
- 쪽파 1줌(200g)
- 양파 ½개

양념
- 고춧가루 가볍게 2스푼
- 다진 마늘 1스푼
- 까나리액젓 1스푼
- 진간장 3스푼
- 식초 ½스푼
- 물 2스푼
- 물엿 1스푼
- 참기름 1스푼
- 통깨 1스푼

1
쪽파 1줌(200g)을 4~5cm 간격으로 썰어 주세요.

2
양파 ½개를 자잘하게 채 썰어서 쪽파와 함께 믹싱볼에 담아 주세요.

3
믹싱볼에 고춧가루 가볍게 2스푼, 다진 마늘 1스푼, 까나리액젓 1스푼, 진간장 3스푼, 식초 ½스푼, 물 2스푼, 물엿 1스푼, 참기름 1스푼, 통깨 1스푼을 넣어 주세요.

4
조심스레 무쳐 주면 완성입니다.

05 양파김치

재료
- 양파 7개(720g)
- 물엿 3스푼
- 천일염 1스푼
- 고춧가루 수북하게 3스푼
- 매실청 1스푼
- 부추 40g

양념
- 새우젓 1스푼
- 멸치액젓 4스푼
- 홍고추 3개
- 마늘 반 줌
- 생강 ½톨
- 식은 밥 2스푼
- 요구르트 1병(65mL)
- 소주 ¼컵(50mL)

1. 양파 7개(720g)를 반으로 잘라 약간 두껍게 채 썬 다음 찬물에 헹궈서 매운맛을 빼 주세요.

2. 양파에 천일염 1스푼, 물엿 3스푼을 섞어 20분 절여 주세요.

3. 부추 40g을 4~5cm 간격으로 썰어 주세요.

4. **양념 만들기** 홍고추 3개, 생강 ½톨을 믹서기에 갈기 좋게 썰어서 넣어 주고, 마늘 반 줌, 식은 밥 2스푼, 새우젓 1스푼, 멸치액젓 4스푼, 요구르트 1병(65mL), 소주 ¼컵(50mL)을 같이 넣어 갈아 주세요.

5. 절인 양파는 씻지 말고 채반에 걸러 수분을 빼 주세요.

6. 믹서기로 간 양념에 고춧가루 수북하게 3스푼, 매실청 1스푼, 물기 뺀 양파, 부추를 넣고 가볍게 무쳐 주면 완성입니다.

06 오이깍두기

재료
- 오이 3개
- 양파 1개
- 청양고추 1개
- 다진 마늘 1스푼
- 고춧가루 2스푼
- 진간장 1스푼
- 초고추장 5스푼
- 참기름 1스푼
- 통깨 1스푼

1

오이 3개의 양쪽 끝부분을 자르고, 반으로 갈라 티스푼을 이용해서 씨를 제거한 후에 1.5cm 길이로 썰어 주세요.

2

양파 1개를 반으로 자른 다음 1쪽당 6등분해서 분리해 주세요.

3

청양고추 1개를 반으로 자른 다음 자잘하게 다져서 오이, 양파와 함께 믹싱볼에 담아 주세요.

4

믹싱볼에 고춧가루 수북하게 2스푼, 다진 마늘 1스푼, 진간장 1스푼, 초고추장 5스푼, 참기름 1스푼, 통깨 1스푼을 넣어 무쳐 주면 완성입니다.

07 절임배추 김장김치(40kg)

미리 준비하기 절임배추를 뒤집어서 물기를 1시간 이상 빼 주세요. / 건고추 600g을 믹서기에 갈기 좋게 가위로 잘라 주세요. / 무 4개(6kg), 당근 5개를 채 썰어 주세요. / 홍갓 1.2kg를 2~3cm 간격으로, 쪽파 1kg를 3~4cm 간격으로 썰어 주세요. / 건다시마 100g을 물에 살짝 불린 후에 가위로 얇게 잘라 주세요.

재료

- 절임배추 40kg
- 홍갓 1단(1.2kg)
- 쪽파 1단
- 당근 5개
- 무 4개(6kg)
- 고춧가루 2kg
- 건고추 600g
- 습식 찹쌀가루 500g
- 천일염 수북하게 3스푼
- 황석어젓갈 600g
- 물 2컵(400mL)

- 찬물 1L
- 건다시마(덮는 용도) 200g
- 건다시마(김치 속 재료) 100g

육수

- 물 4L
- 무 ½개
- 양파 2개
- 디포리 300g
- 건다시마 50g
- 대파 2대

믹서기에 갈 재료

- 건고추 불린 것
- 끓인 황석어젓갈
- 멸치액젓 5컵(1L)
- 새우젓 500g
- 마늘 700g
- 생강 350g
- 매실청 3컵(600mL)
- 배 2개
- 사과 2개
- 양파 2개

육수 끓이기 솥에 물 4L, 무 ½개, 양파 2개, 디포리 300g, 건다시마 50g, 대파 2대를 넣고 끓어오를 때부터 30분 끓여 주세요. 다시마는 15분 뒤에 건져 내고, 나머지 건더기는 30분 뒤에 건져 주세요.

냄비에 황석어젓갈 600g, 물 2컵(400mL)을 넣고 끓어오를 때부터 강불로 3분 끓인 후에 식혀 주세요.

믹싱볼에 습식 찹쌀가루 500g, 찬물 1L를 넣어 찹쌀가루를 잘 풀어 주세요. 육수에 붓고 끓어오를 때부터 3분만 저어 주면서 끓였다가 식혀 주세요.

김치통에 건고추 600g, 끓인 황석어젓갈(체에 걸러서), 멸치액젓 5컵(1L), 매실청 3컵(600mL), 준비한 찹쌀풀을 넣고 골고루 섞은 후에 마늘 700g, 생강 350g, 배 2개, 사과 2개, 양파 2개를 믹서기에 넣어 갈아 주세요.

김장용 대야에 믹서기로 간 것과 고춧가루 2kg, 천일염 수북하게 3스푼을 섞은 후에 미리 준비한 무, 당근, 홍갓, 쪽파, 다시마를 넣고 섞어 김치 속을 완성해 주세요.

물기 뺀 절임배추에 겉잎부터 속을 넣으면서 양념을 발라 주세요. 김치통에 김치가 다 채워지면 건다시마 200g을 골고루 나눠 덮어 주세요.

보관 방법
하루 동안 실온에 둔 다음 김치냉장고에 넣어서 보관해 주세요.

08 | 가지김치

재료
- 가지 10개(600g)
- 천일염 수북하게 1스푼
- 쪽파 반 줌, 양파 ½개

양념
- 홍고추 1개
- 다진 마늘 수북하게 1스푼
- 다진 생강 ⅓스푼
- 고춧가루 4스푼
- 까나리액젓 3스푼
- 진간장 1스푼
- 양파청(매실청) 2스푼
- 통깨 1스푼

1

가지 10개(600g)의 끝부분은 잘라 내고 반으로 길게 2~3번 썰어 주세요.

2

쪽파 반 줌을 4~5cm 간격으로 썰어 주세요. 양파 ½개를 약간 두껍게 채 썰어 주세요. 홍고추 1개를 자잘하게 다져 주세요.

3

냄비에 물이 끓으면 천일염 수북하게 1스푼을 풀고 가지를 넣어서 30초만 데쳐 주세요. 데친 가지는 채반에 펼쳐서 완전히 식혀 주세요.

4

양념 만들기 다진 홍고추, 다진 마늘 수북하게 1스푼, 다진 생강 ⅓스푼, 고춧가루 4스푼, 까나리액젓 3스푼, 진간장 1스푼, 양파청(매실청) 2스푼, 통깨 1스푼을 섞어 양념을 만들어 주세요.

5

식힌 가지를 양손으로 쥐고 물기를 꾹 짜 주세요.

6

가지에 양념을 붓고 한 번 무친 후에 양파와 쪽파를 넣고 가볍게 무쳐 주면 완성입니다.

09 총각김치

재료

- 총각무 3단(4.2kg)
- 천일염 1컵(200mL)
- 물 1컵(200mL)
- 뉴슈가 ⅓스푼
- 대파 2대
- 멸치액젓 3스푼
- 고춧가루 7부
- 천일염 깎아서 1스푼(최종 간)

믹서기에 갈 재료

- 양파 ½개
- 사과 ½개
- 마늘 1줌
- 생강 1톨
- 새우젓 3스푼
- 멸치액젓 ½컵(100mL)
- 양파청 건더기(매실청) 3스푼
- 찹쌀풀 7부(140ml)
- 건고추 15개
- 사골국물 7부(140mL)
- 생수 ½컵(100mL)

1. 총각무 3단(4.2kg)은 뿌리와 전잎을 정리하고 줄기 아래 땟자국을 칼로 제거한 후에 물에 담가 주세요. 어느 정도 불면 수세미로 무를 하얗게 닦아 주세요.

2. 물 1컵(200mL)에 뉴슈가 ⅓스푼을 녹이고 총각무에 뿌려 주세요. 총각무를 위아래로 뒤집어 가면서 천일염 1컵(200mL)을 골고루 뿌리고, 1시간 30분 절인 다음 2번 헹구고 물기를 빼 주세요.

3. 대파 2대를 3~4cm 간격으로 썰어 주고 멸치액젓 3스푼을 섞어 1시간 절여 주세요.

4. 건고추 15개를 가위로 3등분씩 자르고 여기에 새우젓 3스푼, 사골국물 7부(140mL), 멸치액젓 ½컵(100mL)을 섞어 20분 불려 주세요.

5. **믹서기에 갈기** 양파 ½개, 사과(씨 제거) ½개, 생강 1톨, 마늘 1줌, 찹쌀풀 7부(140mL), 불린 건고추, 양파청 건더기(매실청) 3스푼, 생수 ½컵(100mL)을 믹서기에 넣어 갈아 주세요.

   point— 찹쌀풀 7부는 찹쌀가루 2스푼 + 물 1컵(200mL)을 저어 주면서 한 번 끓이면 됩니다.

6. 믹서기로 간 양념에 고춧가루 7부(70g), 절인 대파, 천일염 깎아서 1스푼을 섞은 후에 준비한 총각무를 버무려 주면 완성입니다.

보관 방법
베란다에서 하루 반 정도 숙성하고, 냉장실에서 3일 숙성한 다음 먹으면 됩니다.

10 알배추물김치

<u>미리 준비하기</u> 물 1컵(100mL)에 찹쌀가루 1스푼을 넣어 섞고 3~4분 약불로 저어 주면서 끓이면 찹쌀풀이 완성됩니다.

재료

- 알배추 3통(2.3kg)
- 천일염 1컵(200mL)
- 대파 5대
- 홍고추 1개
- 청양고추 3개
- 고춧가루 ½컵(100mL)
- 찹쌀풀 ½컵(100mL)
- 생수 총 2.5L
- 천일염 3½스푼(최종 간)
- 소주 ½컵(100mL)
- 뉴슈가 ⅓스푼

믹서기에 갈 재료

- 배 1개
- 양파 1개
- 마늘 10개
- 생강 1톨
- 생수 3컵(600mL)
- 홍고추 2개

1

알배추 3통(2.3kg)을 각각 4등분해 주고, 물 1L에 천일염 ½컵(100mL)을 녹여 위에 뿌려 주세요. 다시 천일염 ½컵(100mL)을 넣어 골고루 섞고 1시간 절인 후에 3번 헹구고 물기를 빼서 준비해 주세요.

2

고춧가루 ½컵(100mL)에 생수 2컵(400mL)을 붓고 잘 섞어 30분 불려 주세요.

3

대파 5대를 각각 길게 반으로 나눈 다음 5~6cm 간격으로 썰어 주세요. 홍고추 1개는 씨를 제거하고 길쭉하고 얇게 썰어서 고명용으로 준비해 주세요.

4

믹서기에 갈기 배(씨, 껍질 제거) 1개, 양파 1개, 홍고추 2개, 청양고추 3개, 생강 1톨, 마늘 10개를 갈기 좋게 썰어서 믹서기에 넣고 찹쌀풀 ½컵(100mL), 생수 3컵(600mL)과 함께 갈아 주세요.

5

믹서기로 간 것을 체에 밭쳐 생수를 부어 가면서 내려 주세요. 물에 불린 고춧가루도 체에 밭쳐 생수를 부어 가며 내려 주세요.

point — 레시피 전체 생수 총 사용량은 2.5L입니다.

6

김치통에 알배추, 대파, 고명용 홍고추를 담아 주세요. 국물에 천일염 3½스푼, 소주 ½컵(100mL), 뉴슈가 ⅓스푼을 넣고 잘 저은 후 김치통에 부어 주면 완성입니다.

보관 방법
베란다에 하루 반 정도 두었다가 냉장고에 넣어 3일 후에 먹으면 됩니다.

11 우엉김치

미리 준비하기 쪽파 반 줌을 4~5cm 간격으로 썰어서 준비해 주세요.

재료
- 우엉 4개(850g)
- 천일염 1스푼
- 쪽파 반 줌
- 건고추 5개
- 양파 ½개
- 마늘 7개
- 생강 ½톨
- 찹쌀풀 ½컵(100mL)
- 양파청 건더기 1스푼
- 멸치액젓 ⅓컵(70mL)
- 진간장 1스푼
- 고춧가루 ½컵(100mL)
- 통깨 1스푼

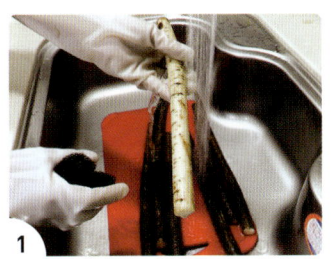

1

우엉 4개(850g)을 길게 반으로 나눈 다음 수세미로 닦아 주세요.

2

우엉이 담길 물에 천일염 1스푼을 녹여 주세요. 우엉을 6cm 간격으로 썰고, 3~4mm 두께로 다시 썰어서 소금물에 담가 주세요.

3

건고추 5개를 가위로 3~4등분하고, 멸치액젓 ⅓컵(70mL), 양파청 건더기 1스푼(또는 매실청 2스푼), 진간장 1스푼, 찹쌀풀 ½컵(100mL)을 섞어 30분 불려 주세요.

point — 찹쌀풀 ½컵(100mL)은 물 ½컵(100mL)에 찹쌀가루 1스푼을 풀어 끓여 주세요.

4

양파 ½개, 생강 ½톨, 마늘 7개를 믹서기에 잘 갈리게 썰어 넣고 불린 건고추와 함께 갈아 주세요.

5

찜기에 우엉을 건져서 올린 후에 뚜껑을 닫고 중강불로 5분 쪘다가 식혀 주세요.

6

믹서기로 간 것에 고춧가루 ½컵(100mL)을 넣고 섞어 주세요. 간을 봐서 조절하고 준비한 쪽파, 통깨 1스푼, 식힌 우엉을 넣어 버무려 주면 완성입니다.

12 가을 석박지

미리 준비하기 물 1컵(200mL)에 뉴슈가 1스푼을 섞어 뉴슈가물을 준비해 주세요.
건고추 15개를 믹서기에 잘 갈리게 가위로 잘라 주세요.

재료
- 다발 무 7개(6kg)
- 천일염 7부(140mL)
- 뉴슈가 1스푼
- 물 1컵(200mL)
- 대파 2대
- 멸치액젓 2스푼
- 고춧가루 1컵(200mL)

믹서기에 갈 재료
- 사과 1개
- 양파 1개
- 마늘 1½줌
- 생강 2톨
- 건고추 15개
- 멸치액젓 ½컵

- 새우젓 ½컵(100mL)
- 고추씨 수북하게 2스푼
- 찹쌀풀 1½컵(300mL)
- 생새우 1컵(200mL)
- 매실청 3스푼

1
다발 무 7개(6kg)의 뿌리 부분과 무청을 잘라 내고 수세미를 이용해서 깨끗하게 닦아 주세요. 무청도 3번 씻고 물기를 빼 주세요.

2
무를 길게 반으로 자른 다음 1.5cm 두께로 썰어서 무청과 함께 담아 주세요. 뉴슈가물과 천일염 7부(140mL)를 뿌려서 골고루 섞은 후에 비닐을 씌워서 2시간 절여 주세요.

3
대파 2대를 4cm 간격으로 썬 다음 멸치액젓 2스푼으로 절여 주세요.

4
미리 준비한 건고추에 고추씨 수북하게 2스푼, 생새우 1컵(200mL), 멸치액젓 ½컵(100mL), 새우젓 ½컵(100mL), 찹쌀풀 1½컵(300mL), 매실청 3스푼을 섞어 30분 기다려 주세요.

point — 찹쌀풀 1½컵(300mL)은 물 1½컵(300mL)에 찹쌀가루 3스푼을 풀어 끓여 주세요.

5
사과 1개, 양파 1개, 생강 2톨을 믹서기에 잘 갈리게 썰어 넣고 마늘 1½줌, 불린 건고추와 함께 50초 갈아 주세요.

6
절인 무의 물기를 빼 주고, 무청은 5cm 간격으로 썰어 주세요. 고춧가루 1컵(200mL)에 1차 코팅한 다음 준비한 무청, 대파(액젓에 절인), 믹서기로 간 양념을 넣고 골고루 버무려 주면 완성입니다.

13 봄동겉절이

재료
- 봄동 1포기(420g)
- 콜라비 ⅓개(150g)

양념
- 고춧가루 3스푼
- 다진 마늘 1스푼
- 매실청 1스푼
- 까나리액젓(멸치액젓) 2스푼
- 진간장 2스푼
- 물엿 1스푼
- 통깨 1스푼

1. 봄동 1포기(420g)을 각각 4등분한 후에 뿌리 부분은 제거하고 굵은 이파리는 한 번만 썰어 주세요.

2. 봄동이 잠기게 물을 채우고 3분 담가 놓았다가 흐르는 물에 2번 씻은 후에 물기를 빼 주세요.

3. 콜라비 ⅓개(150g)는 껍질을 깎은 후에 채 썰어 주세요.

4. **양념 만들기** 고춧가루 3스푼, 다진 마늘 1스푼, 까나리액젓(멸치액젓) 2스푼, 진간장 2스푼, 매실청 1스푼, 물엿 1스푼을 섞어 양념을 만들어 주세요.

5. 양념에 봄동, 콜라비를 가볍게 무친 후에 통깨(빻아서) 1스푼을 뿌려 주면 완성입니다.

14 봄 물김치

미리 준비하기 물 1컵(200mL)에 찹쌀가루를 수북하게 1스푼 풀고 저어 주면서 3분 정도 끓여 찹쌀풀을 준비해 주세요.
홍고추 1개의 씨를 제거하고 얇게 채 썰어서 고명으로 준비해 주세요.

재료

- 무 1개(1.5kg)
- 천일염 5½스푼
- 뉴슈가 ⅓스푼
- 알배기배추 2통(1.2kg)
- 쪽파 1줌
- 홍고추 1개
- 생수 총 2.5L
- 소주 ½컵(100mL)
- 매실청 2스푼

믹서기에 갈 재료

- 배 1개
- 양파 ½개
- 청양고추 3개
- 생강 1톨
- 마늘 10개
- 고추씨 2스푼
- 찹쌀풀 ½컵(100mL)

찹쌀풀

- 물 1컵(200mL)
- 찹쌀가루 수북하게 1스푼

1. 무 1개(1.5kg)의 바깥면을 필러로 깎고 먹기 좋게 썰어 주세요. 생수 ½컵(100mL)에 뉴슈가 ⅓스푼을 녹여 무에 뿌려 주세요. 천일염 3스푼을 넣어 골고루 섞은 후에 1시간 절여 주세요.

2. 알배기배추 2개(1.2kg)의 큰 겉잎은 반으로 한 번 썰고, 속잎은 그대로 사용해 주세요. 배추에 생수 1컵(200mL), 천일염 ½컵(100mL)을 넣어 골고루 섞은 후에 1시간 절여 주세요.

3. **믹서기에 갈기** 배(껍질 깎아서) 1개, 양파 ½개, 청양고추 3개, 생강 1톨을 믹서기에 잘 갈리게 썰어 넣고 마늘 10개, 고추씨 2스푼, 찹쌀풀 ½컵(100mL), 생수 2컵(400mL)과 함께 충분히 갈아 주세요.

 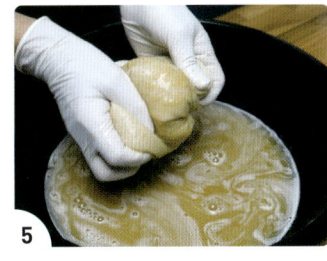 

4. 절인 알배기배추를 찬물에 2번 헹군 후에 물기를 빼 주세요.

5. **국물 만들기** 믹서기로 간 것을 면보에 붓고 꾹 짜 주세요. 여기에 물 2L, 무 절일 때 나온 물, 천일염 2스푼, 소주 ½컵(100mL), 매실청 2스푼을 넣고 충분히 저어 주세요.

6. 김치통에 쪽파 1줌, 절인 무, 절인 알배기배추를 담고 국물을 부은 후에 준비한 홍고추를 올려 주면 완성입니다.

> **보관 방법**
> 베란다에서 하루 정도 두었다가 냉장실로 옮겨 시원하게 해서 먹으면 됩니다.

15 오이물김치

미리 준비하기 레시피 전체 생수 총 사용량은 2L입니다. 미리 생수를 준비해 놓고 필요한 만큼 사용하면 간편합니다.

물 7부(140mL)에 찹쌀가루 1스푼을 풀고 저어 주면서 3분 정도 끓여서 찹쌀풀을 준비해 주세요.

고춧가루 3스푼에 생수를 부어 불려 주세요.

재료

- 오이 10개(1.7kg)
- 물 1컵(200mL)
- 뉴슈가 ⅓스푼
- 천일염 수북하게 2스푼
- 쪽파 5가닥
- 양파 ½개
- 홍고추 1개

- 매실청 3스푼
- 생수 2L
- 소주 ⅓컵(70mL)
- 천일염 2스푼(최종 간)

믹서기에 갈 재료
- 파프리카 1개

- 고춧가루 3스푼
- 사과 1개
- 청양고추 3개
- 양파 ½개
- 찹쌀풀 ½컵(100mL)
- 마늘 1줌
- 생강 1톨

1. 오이 10개(1.7kg)의 양 끝을 잘라 내고 길게 반으로 자른 다음 1.5cm 간격으로 썰어 주세요. 여기에 물 1컵(200mL)에 뉴슈가 ⅓스푼을 녹인 물과 천일염 수북하게 2스푼을 넣어 40분 절여 주세요.

2. 쪽파 5가닥을 4cm 길이로 썰어 주세요. 홍고추 1개의 씨를 제거하고 자잘하게 채 썰어 주세요. 양파 ½개를 약간 두껍게 채 썰어 주세요.

3. 양파 ½개, 파프리카(태좌 제거) 1개, 사과(씨 제거) 1개, 청양고추 3개, 생강 1톨을 믹서기에 갈기 좋게 썰어 넣고 고춧가루 푼 물, 찹쌀풀 ½컵(100mL), 생수 3컵(600mL)과 함께 갈아 주세요.

4. 절인 오이를 체에 받쳐서 물기를 빼 주세요.

5. 믹서기로 간 양념을 적당량씩 체에 받쳐 생수를 부어 가면서 3번 정도 걸러 주세요. 체에 남은 건더기는 버려 주세요.

6. 국물에 천일염 2스푼, 매실청 3스푼, 소주 ⅓컵(70mL), 준비한 오이, 쪽파, 양파, 홍고추를 넣고 잘 저어 주면 완성입니다.

보관 방법
실온에서 반나절 정도 숙성한 후에 냉장 보관해서 먹으면 됩니다.

16 얼갈이백김치

> **미리 준비하기** 레시피 전체 생수 총 사용량은 2.6L입니다. 미리 생수를 준비해 놓고 필요한 만큼 사용하면 간편합니다.

재료

- 얼갈이 2단(3.6kg)
- 천일염 1컵(200mL)
- 물 1컵(200mL)
- 홍고추 1개
- 양파 ½개
- 천일염 3스푼(최종 간)
- 뉴슈가 ⅓스푼
- 고추씨 3스푼
- 생수 총 2.6L

믹서기에 갈 재료

- 배 ½개
- 양파 ½개
- 청양고추 5개
- 식은 밥 3스푼
- 마늘 1줌
- 생강 1톨
- 생수 3컵(600mL)

1

얼갈이 2단(3.6kg)을 적당한 크기로 손질한 다음 천일염 1컵(200mL), 물 1컵(200mL)을 넣고 골고루 섞어 1시간 30분 절여 주세요.

2

양파 ½개, 배(껍질 제거) ½개, 청양고추 5개, 생강 1톨을 믹서기에 잘 갈리게 썰어 넣고 마늘 1줌, 식은 밥 3스푼, 생수 3컵(600mL)과 함께 충분히 갈아 주세요.

3

양파 ½개를 채 썰고, 홍고추 1개를 어슷 썰어 주세요.

point— 썬 홍고추는 찬물에 담가서 씨를 어느 정도 빼 주세요.

4

절여진 얼갈이를 2번 헹군 후에 물기를 빼 주세요.

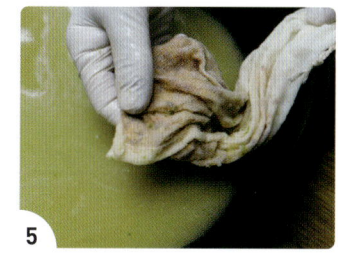

5

믹서기로 간 것에 생수 1L, 뉴슈가 ½스푼, 천일염 3스푼을 넣고 섞어 주세요. 면보에 고추씨 3스푼을 넣고 국물에 치대서 우려 주세요.

point— 고추씨를 국물에 우리면 백김치에서 풋내가 나지 않습니다.

6

김치통에 고추씨 담긴 면보, 얼갈이, 준비한 양파, 홍고추, 국물을 순서대로 넣어 주세요. 간을 보고 생수나 천일염을 추가하면 완성입니다.

보관 방법
2~3일 실온에서 숙성한 후에 냉장 보관해서 먹으면 됩니다.

17 얼갈이겉절이

재료
- 얼갈이 2포기(400g)
- 식초 3스푼
- 양파 ⅓개
- 청양고추 1개
- 사과 ¼개
- 고춧가루 2½스푼
- 다진 마늘 1스푼
- 설탕 ⅓스푼
- 멸치액젓 2½스푼
- 진간장 2스푼
- 통깨 1스푼

1
얼갈이 2포기(400g)의 뿌리 부분은 잘라 내고, 속잎은 그대로 사용하고, 큰 잎은 먹기 좋게 썰어 주세요.

2
얼갈이를 찬물에 담그고 식초 3스푼을 넣어 섞은 후에 5분 기다려 주세요.

3
사과 ¼개, 양파 ⅓개를 채 썰고, 청양고추 1개를 다져 주세요.

4
얼갈이를 헹구면서 씻은 후에 물기를 충분히 빼 주세요.

5
물기 뺀 얼갈이, 준비한 사과, 양파, 청양고추를 한곳에 담아 주세요.

6
고춧가루 2½스푼, 설탕 ⅓스푼, 멸치액젓 2½스푼, 진간장 2스푼, 통깨 1스푼을 넣어 골고루 버무려 주면 완성입니다.

특식

- ☐ 매운등갈비찜
- ☐ 양파청
- ☐ 상추전
- ☐ 수제 땅콩버터
- ☐ 삼겹살볶음
- ☐ 초간단 비빔밥
- ☐ 부추전
- ☐ 분식집 떡볶이
- ☐ 묵은지비빔국수
- ☐ 청경채새우볶음
- ☐ 새우애호박전
- ☐ 육전
- ☐ 고기만두
- ☐ 꼬마김밥
- ☐ 수육
- ☐ 고구마조청
- ☐ 호박술빵
- ☐ 호박죽
- ☐ 콘치즈구이
- ☐ 파래전
- ☐ 팥칼국수
- ☐ 김밥
- ☐ 찰밥
- ☐ 달걀죽
- ☐ 돼지고기김치찜
- ☐ 등갈비묵은지찜
- ☐ 옛날식혜
- ☐ 꼬막비빔밥
- ☐ 오징어배추전
- ☐ 닭발조림
- ☐ 닭꼬치
- ☐ 소고기채소죽
- ☐ 순대볶음

01 매운등갈비찜

미리 준비하기 정육점에서 근막을 제거한 냉장 돼지 등갈비를 구입하면 좋습니다.

재료
- 돼지 등갈비 1.5kg
- 조청쌀엿 1스푼
- 후추 3꼬집

초벌 삶을 때
- 물 2.5L
- 다진 생강 ½스푼
- 콜라 ½병(250mL)
- 통후추 ½스푼

믹서기에 갈 재료
- 양파 ½개
- 대파 ½대
- 청양고추 3개
- 생강 ½톨
- 파인애플 링 2개
- 마늘 7개
- 생수 1컵(200mL)

양념
- 콜라 ½병(250mL)
- 설탕 2스푼
- 고춧가루 3스푼
- 진간장 ½컵(100mL)
- 케첩 2스푼
- 굴소스 가볍게 2스푼
- 소주 ⅓컵(70mL)
- 생수 2컵(400mL)

돼지 등갈비 1.5kg를 손질하는데, 뼈를 기준으로 한쪽에는 살이 많이 붙어 있게, 다른 한쪽에는 살이 없게 썰어 주세요.

point — 냉장 등갈비는 따로 피를 빼지 않아도 되지만, 냉동이라면 물에 1시간 정도 담가 핏물을 빼 주는 것이 좋습니다.

초벌 삶기 끓는 물 2.5L에 다진 생강 ½스푼, 콜라 ½병(250mL), 통후추 ½스푼, 등갈비를 넣고 끓어오를 때부터 강불로 5분 초벌 삶아 주세요.

초벌 삶은 등갈비를 찬물에 헹구었다가 물기를 빼 주세요.

믹서기에 갈기 양파 ½개, 대파 ½대, 청양고추 3개, 생강 ½톨, 파인애플 링 2개를 믹서기에 갈기 좋게 썰어 넣고 마늘 7개, 생수 1컵(200mL)과 함께 갈아 주세요.

양념 만들기 팬에 콜라 ½병(250mL), 설탕 2스푼, 고춧가루 3스푼, 진간장 ½컵(100mL), 케첩 2스푼, 굴소스 가볍게 2스푼, 소주 ⅓컵(70mL), 생수 2컵(400mL)을 넣고 잘 섞어 주세요.

물기 뺀 등갈비를 넣고 끓여 주세요. 끓어오를 때부터 30분이 지나면 조청쌀엿 1스푼, 후추 3꼬집을 넣고, 다시 10분 동안 뒤집으면서 줄여 주면 완성입니다.

02 | 양파청

재료
- 양파 3kg
- 설탕 3kg(양파와 설탕의 비율 1:1)

1

양파 3kg을 깨끗하게 씻어서 양쪽 끝부분을 제거하고 물기를 완전히 건조해 주세요.

2

양파를 반으로 자른 다음 자잘하게 채 썰어 주세요.

point — 이 과정에서 상태가 좋지 않은 양파를 빼 주어야 나중에 양파청이 변질되지 않습니다.

3

양파가 어느 정도 분리될 수 있도록 섞어 주세요.

4

설탕 3kg를 붓고 골고루 섞어 주세요.

point — 양파와 설탕의 비율이 1:1 입니다.

5

용기에 양파청을 담고, 뚜껑을 꽉 잠그지 말고 살짝 열어 주세요.

6

보관 방법 양파청을 만든 후 10일 동안 꼭 3~4회 나무 주걱으로 저어 주세요. 여름철에는 김치냉장고에 보관하고, 겨울철에는 베란다 시원한 곳에 두세요.

양파 건더기 활용법
고기 재울 때, 된장 가를 때, 김치 담글 때 유용합니다.

양파청 활용법
단맛이 필요한 모든 요리(오징어볶음, 닭볶음탕, 소불고기, 제육볶음, 오리주물럭, 생선조림 등)에 사용하면 풍미가 깊어집니다.

03 상추전

재료
- 상추 15장
- 깻잎 10장
- 달걀 3개
- 청양고추 1개
- 홍고추 1개
- 멸치액젓 ½스푼
- 소금 ⅓스푼
- 옥수수콘 ½컵
- 식용유 적당량
- 감자전분 수북하게 3스푼

1. 상추 15장의 아랫부분은 1cm 정도 잘라 내고 반으로 자른 후에 1.5cm 간격으로 잘게 썰어서 믹싱볼에 넣어 주세요.

2. 깻잎 10장의 끝부분도 잘라 내고 반으로 자른 후에 1cm 간격으로 잘게 썰어 주세요.

3. 청양고추 1개, 홍고추 1개를 자잘하게 썰어 상추, 깻잎과 함께 놓아 주세요.

4. 믹싱볼에 달걀 3개, 옥수수콘 ½컵, 소금 ⅓스푼, 멸치액젓 ½스푼, 감자전분 수북하게 3스푼을 넣고 잘 섞어 주세요.

5. 팬에 식용유를 적당량 두르고 동그랗게 부쳐 주면 완성입니다.

04   수제 땅콩버터

재료
- 볶은 땅콩 150g
- 소금 1꼬집

1 볶은 땅콩 150g을 반찬통에 담아 뚜껑을 닫고 흔들어서 껍질을 까 주세요.

2 튀김용 체망에 땅콩을 넣고 흔들면 분리된 껍질이 아래로 빠집니다.

3 껍질이 벗겨지지 않은 땅콩을 모아서 양손으로 비비면서 까 주세요.

4 믹서기에 껍질 벗긴 땅콩, 소금 1꼬집을 넣어서 갈아 주세요.

point — 믹서기 크기가 작아야 땅콩버터를 만들기 편합니다.

5 믹서기 회전이 잘 안 되고, 땅콩이 갈리지 않을 때마다 통을 흔들면서 계속 갈아 주면 수제 땅콩버터가 완성됩니다.

05 삼겹살볶음

재료
- 삼겹살 600g
- 소주 2스푼
- 양파 ½개
- 대파 1대
- 청양고추 2개
- 참기름 1스푼
- 통깨 1스푼

양념
- 설탕 ⅓스푼
- 다진 마늘 1스푼
- 된장 ½스푼
- 진간장 1스푼
- 굴소스 1스푼
- 소금 ⅓스푼
- 물엿 2스푼

1 삼겹살 600g에 소주 2스푼을 골고루 붓고 흡수가 잘 되게 손으로 두들긴 후에 15분 기다려 주세요. 삼겹살의 잡내를 잡아 줍니다.

2 양파 ½개, 청양고추 2개를 채 썰고, 대파 1대는 길게 반으로 자른 후에 4~5cm 간격으로 썰어 주세요.

3 **양념 만들기** 설탕 ⅓스푼, 다진 마늘 1스푼, 된장 ½스푼, 진간장 1스푼, 굴소스 1스푼, 소금 ⅓스푼, 물엿 2스푼을 섞어 양념을 만들어 주세요.

4 팬에 식용유를 두르지 않은 채 삼겹살을 굽고, 삼겹살에서 나온 기름은 키친타월로 모두 제거해 주세요.

5 준비한 양파, 대파, 청양고추를 넣고 약불로 2분 볶아 주세요.

6 준비한 양념을 넣고 중강불로 바싹 볶은 후에 참기름 1스푼, 통깨 1스푼을 넣어 마무리해 주세요.

06 초간단 비빔밥

재료
- 콩나물 120g
- 애호박 ½개
- 당근 50g
- 가지 1개
- 느타리버섯 100g
- 물 ½컵(100mL)
- 밥 2공기
- 고추장 2스푼
- 참기름 조금
- 통깨 1½스푼

양념
- 다진 마늘 1스푼
- 진간장 1스푼
- 소금 ⅓스푼
- 멸치액젓 ½스푼

1

가지 1개의 양쪽 끝부분을 잘라 내고 길게 12등분 정도로 썰어서 팬에 담아 주세요.

2

애호박 ½개, 당근 50g을 자잘하게 채 썰어서 팬에 담아 주세요.

3

팬에 콩나물 120g, 느타리버섯 100g, 물 ½컵(100mL)을 넣고 뚜껑을 닫은 채 김이 올라올 때부터 중강불로 6분 쪘다가 완전히 식혀 주세요.

4

양념 만들기 다진 마늘 1스푼, 진간장 1스푼, 소금 ⅓스푼, 멸치액젓 ½스푼을 섞어 양념을 만들어 주세요.

5

팬 바닥에 있는 물을 모두 따라 낸 후에 양념을 끼얹고, 각 재료마다 손으로 조물조물 무쳐 주세요.

6

밥 2공기, 고추장 2스푼, 참기름 조금, 통깨 1½스푼을 넣고 비벼 주면 완성입니다.

07 부추전

미리 준비하기 오징어 1마리를 먹기 좋게 썰어서 준비해 주세요.

재료
- 부추 1줌(250g)
- 청양고추 2개
- 홍고추 1개
- 부침가루 1컵(200mL)
- 튀김가루 ½컵(100mL)
- 오징어 1마리
- 얼음 6조각
- 물 140mL
- 소금 ⅓스푼
- 멸치액젓 1스푼
- 빵가루 총 6스푼
- 식용유 적당량

1

믹싱볼에 얼음 6조각, 물 140mL, 소금 ⅓스푼, 멸치액젓 1스푼을 넣고 소금을 녹인 후에 부침가루 1컵(200mL), 튀김가루 ½컵(100mL)을 넣어 반죽해 주세요.

point — 얼음이 점점 녹게 두었다가 나중에 농도를 조절하면 됩니다. 차가운 반죽은 전을 더 바삭하게 합니다.

2

부추 1줌(250g)을 3~4cm 간격으로 썰고, 청양고추 2개, 홍고추 1개는 얇게 썰어서 믹싱볼에 넣어 주세요.

3

믹싱볼에 미리 준비한 오징어 1마리를 넣고 골고루 섞은 후에 얼음을 건져 주세요. 이때 반죽 농도를 보고 물이나 부침가루를 추가하면 됩니다.

4

팬에 식용유를 적당량 두르고 반죽 절반을 올려서 부쳐 주세요.

5

한쪽 면이 익었을 때 빵가루 3스푼을 뿌려 주세요.

6

전을 뒤집어서 마저 익혀주면 완성입니다. 먹을 때는 빵가루가 뿌려진 부분을 위로 가게 해 주세요.

08 | 분식집 떡볶이

미리 준비하기 떡볶이 떡 500g을 미지근한 물에 불려 주세요.

재료
- 중간멸치 1줌
- 물 4컵(800mL)
- 떡볶이 떡 500g
- 어묵 2장
- 고춧가루 3스푼
- 고추장 3스푼
- 진간장 2스푼
- 물엿 3스푼
- 설탕 수북하게 1스푼
- 청양고추 2개
- 삶은 달걀 3개
- 대파 1대
- 미원 1꼬집

1

팬에 물 4컵(800mL), 중간 멸치 1줌을 넣고 끓어오를 때부터 중불로 7분 끓여 주세요.

2

대파 1대를 4~5cm 간격으로 큼직하게 썰고, 청양고추 2개를 자잘하게 썰어 주세요.

3

어묵 2장을 먹기 좋게 썰어 주세요.

4

멸치육수의 멸치를 건져내고, 불린 떡볶이 떡을 넣어 주세요.

5

고춧가루 3스푼, 고추장 3스푼, 진간장 2스푼, 설탕 수북하게 1스푼, 물엿 3스푼을 넣고 저어 주면서 끓여 주세요.

6

준비한 청양고추, 대파, 어묵, 삶은 달걀 3개를 넣고 끓이다가 국물이 졸여지면 미원 1꼬집을 넣어 마무리해 주세요.

09 묵은지비빔국수

미리 준비하기 묵은지 150g을 깨끗하게 씻어서 30분 동안 물에 담가 군내를 제거해 주세요.

재료
- 묵은지 150g(1인분)
- 소면 120g
- 천일염 ½스푼
- 깻잎 7장
- 통깨 1스푼

양념
- 설탕 ½스푼
- 다진 마늘 ½스푼
- 진간장 2스푼
- 들깨가루 수북하게 1스푼
- 들기름 수북하게 1스푼

1. 묵은지 150g의 끝부분은 제거하고 반으로 자른 후에 먹기 좋게 손으로 찢어서 준비해 주세요.

2. 깻잎 7장을 반으로 접어서 가위로 자잘하게 썰어 주세요.

3. **양념 만들기** 설탕 ½스푼, 다진 마늘 ½스푼, 진간장 2스푼, 들깨가루 수북하게 1스푼, 들기름 수북하게 1스푼을 섞어 양념을 만들어 주세요.

4. **소면 삶기** 끓는 물에 천일염 ½스푼을 넣고 녹여 주세요. 소면 120g을 넣고 3분 40초 삶은 다음 찬물에 충분히 헹궈 전분기를 빼 주세요.

point— 찬물을 미리 준비해 놓고 물이 넘칠 때마다 조금씩 넣어 주세요.

5. 준비한 양념에 소면을 버무린 다음 그릇에 담아 주세요. 남은 양념에 묵은지를 버무려 소면 위에 올려 주세요.

6. 준비한 깻잎을 올리고 통깨(빻아서) 1스푼을 뿌려주면 완성입니다.

10 청경채새우볶음

미리 준비하기 감자전분 ½스푼, 물 2스푼을 섞어 전분물을 만들어 주세요.

재료
- 청경채 4개(250g)
- 천일염 ½스푼
- 새우 10개
- 소금 2꼬집
- 미림 1스푼
- 청양고추 1개
- 마늘 5개
- 파프리카 ½개
- 진간장 1스푼
- 굴소스 1스푼
- 감자전분 ½스푼
- 물 2스푼
- 식용유 3스푼
- 참기름 ½스푼
- 후추 2꼬집
- 통깨 ½스푼

1

청경채 4개(250g)의 끝부분을 자르고 먹기 좋게 분리해 주세요.

2

파프리카 ½개를 약간 두껍게 채 썰고, 청양고추 1개를 쫑쫑 썰어 주세요. 마늘 5개를 칼 옆면으로 누른 다음 자잘하게 다져 주세요.

3

새우 10개를 각각 가위로 절반 자르고 미림 1스푼, 소금 1꼬집을 넣고 섞어 15분 기다려 주세요.

4

끓는 물에 천일염 ½스푼을 녹이고 썰어 놓은 청경채를 5초만 살짝 데친 후에 물기를 빼 주세요.

5

팬에 식용유 3스푼, 준비한 마늘, 청양고추를 넣고 충분히 볶은 후에 준비한 새우, 청경채, 파프리카, 소금 1꼬집을 넣어서 강불로 계속 볶아 주세요.

6

채소의 숨이 죽고 새우가 빨갛게 되면 굴소스 1스푼, 진간장 1스푼, 전분물을 넣고 어느 정도 졸여지면 불을 끄고 참기름 ½스푼, 후추 2꼬집, 통깨 ½스푼을 넣고 섞어 주세요.

11 새우애호박전

미리 준비하기 양파 ½개와 청양고추 1개를 아주 자잘하게 다져서 준비해 주세요.
달걀 3개를 풀어서 달걀물을 준비해 주세요.

재료
- 애호박 2개
- 소금 4꼬집
- 새우 8개
- 미림 ½스푼
- 애호박 속 7개

- 양파 ½개
- 청양고추 1개
- 다진 마늘 ½스푼
- 감자전분 2스푼
- 국간장 ½스푼

- 튀김가루 5스푼
- 달걀 3개
- 빵가루 1컵(200mL)
- 식용유 적당량

1

애호박 2개의 양 끝을 잘라 내고 7~8mm 두께로 썬 후에 생수 뚜껑을 이용해서 가운데에 구멍을 내 주세요.

point— 애호박 속이 잘 빠지지 않을 때는 포크를 이용해서 떼어 내 주세요.

2

구멍 낸 애호박은 소금 2꼬집으로 살짝 밑간해 주세요.

3

애호박 속 7개를 자잘하게 다져 주세요.

point— 남은 애호박 속은 버리지 말고 된장찌개에 넣거나 전을 부쳐 먹으면 됩니다.

4

새우 8개를 식감이 살아 있는 정도로 다진 후에 미림 ½스푼, 소금 1꼬집을 넣어 밑간해 주세요.

5

다진 애호박 속, 양파, 청양고추에 새우, 다진 마늘 ½스푼, 국간장 ½스푼, 소금 1꼬집, 감자전분 2스푼을 섞어 소를 만들고 애호박 가운데에 적당량씩 넣어 주세요.

6

트레이 2개에 각각 튀김가루 5스푼, 빵가루 1컵(200mL)을 펼친 후에 애호박을 튀김가루, 달걀물, 빵가루 순으로 묻혀서 식용유를 두른 팬에 부쳐 주면 완성입니다.

12 육전

미리 준비하기 생강 ½톨을 잘게 다져서 전 부칠 식용유에 담가 생강기름을 만들어 주세요.

재료
- 홍두깨살 500g
- 미림 3스푼
- 양파청(설탕) 1스푼
- 소금 ⅓스푼
- 후추 3꼬집
- 달걀 5개
- 찹쌀가루 7부(140mL)
- 생강 ½톨
- 식용유 조금

양념
- 청양고추 1개
- 설탕 ⅓스푼
- 다진 마늘 ½스푼
- 고춧가루 ½스푼
- 진간장 2스푼
- 생수 1스푼
- 참기름 ½스푼
- 작은 양파 ½개

1

홍두깨살 500g을 칼등으로 부드럽게 다진 후에 밀대로 밀어서 얇게 만들어 주세요.

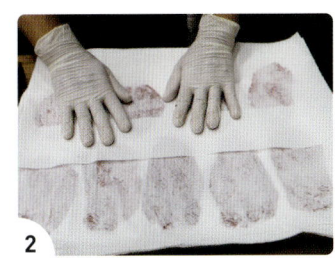

2

키친타월을 이용해서 홍두깨살의 핏물을 제거해 주세요.

3

종지 2개에 각각 미림 3스푼 + 양파청(설탕) 1스푼, 소금 ⅓스푼 + 후추 3꼬집을 섞은 후 홍두깨살 한쪽 면에 골고루 발라 주세요.

4

찹쌀가루 7부(140mL)를 트레이에 펼치고 홍두깨살을 앞뒤로 얇게 묻혀 주세요.

5

달걀 5개를 풀어서 달걀물을 만들어 주는데, 1개는 노른자만 사용해 주세요.

6

팬에 생강기름을 두르고 홍두깨살을 달걀물에 묻혀 앞뒤로 부쳐 주면 완성입니다.

13 고기만두

재료

- 돼지고기 다짐육 500g
- 설탕 ½스푼
- 다진 마늘 1½스푼
- 미림 1스푼
- 국간장 2스푼
- 참기름 3스푼
- 숙주 300g
- 물 1컵(200mL)
- 두부 300g
- 다진 생강 ½스푼
- 양파 1개
- 대파 1대
- 청양고추 1개
- 부추 반 줌
- 달걀 1개
- 소금 ½스푼
- 후추 3꼬집
- 만두피 35장

1

돼지고기 다짐육 500g에 설탕 ½스푼, 다진 마늘 ½스푼, 미림 1스푼, 국간장 2스푼, 참기름 1스푼을 섞어 밑간해 주세요.

2

웍에 숙주 300g을 넣고 가운데 홈을 파 준 후에 물 1컵(200mL)을 부어 주세요. 뚜껑을 닫고 물이 끓어오를 때부터 강불로 2분 동안 찌고, 찬물에 식힌 후에 자잘하게 썰어 주세요.

3

삼베주머니에 숙주, 두부 300g을 넣고 꾹 짜서 물기를 제거하고 믹싱볼에 담아 주세요.

4

양파 1개, 대파 1대, 청양고추 1개를 자잘하게 다져서 믹싱볼에 담아 주세요. 부추 반 줌은 자잘하게 썰어서 따로 놓아 주세요.

5

믹싱볼에 다진 마늘 1스푼, 다진 생강 ½스푼, 달걀 1개, 소금 ½스푼, 참기름 2스푼, 후추 3꼬집을 넣고 섞은 후에 부추를 넣고 섞어 소를 만들어 주세요.

point— 부추를 처음부터 같이 섞으면 풋내가 날 수 있습니다.

6

손에 밀가루를 묻히고 만두피 안에 소를 채우고, 만두피 바깥 부분에 물을 묻혀 만두 모양을 만들어 주세요. 찜기에 담아 뚜껑을 닫고 강불로 16분 쪄 주면 완성입니다.

point— 8분 정도 지났을 때 뚜껑을 열고, 만두에 물을 적셔 주면 겉이 마르지 않고 더욱 쫀득해집니다.

남은 만두 보관법
찜기에 7분 찐 후 식혀서 냉동 보관하면 만두피가 갈라지지 않습니다.

14 꼬마김밥

재료
- 김밥용 김 4장
- 밥 2공기(420g)
- 소금 4꼬집
- 식초 ½스푼
- 참기름 1스푼
- 통깨 ½스푼
- 달걀 3개
- 당근 1개 반
- 무장아찌(단무지) 150g
- 깻잎 16장

1

김밥용 김 4장을 2번씩 접어 4등분해 주세요. 총 16장이 필요합니다.

2

깻잎 16장의 끝부분을 잘라 내고, 세로로 길게 한 번 썰어 주세요.

3

무장아찌(단무지) 150g, 당근 1개 반을 김 길이에 맞춰서 각각 16개가 되게 썰어 주세요.

4

팬에 식용유를 약간 두르고 당근, 소금 1꼬집을 넣어 살짝 볶아 주세요.

5

달걀 3개를 풀고 소금 1꼬집을 넣어 주세요. 지단을 부쳐 반으로 나눈 다음 1cm 간격으로 썰어 주세요.

6

밥 2공기(420g)에 소금 2꼬집, 식초 ½스푼, 참기름 1스푼, 통깨 ½스푼을 섞어 주세요. 준비된 재료로 김밥을 말고, 윗면에 참기름을 바른 후에 통깨를 뿌려 마무리해 주세요.

179

15 | 수육

재료
- 생 삼겹살 1.4kg
- 대파 1대
- 양파 2개
- 마늘 10개
- 설탕 1스푼
- 소주 ½병(180mL)
- 통후추 ½스푼
- 된장 1스푼
- 진간장 ½컵(100mL)
- 물 1.5L
- 건다시마 15g

1

양파 2개를 각각 반으로 자르고, 대파 1대를 굵직하게 2번 썰어 주세요.

point — 양파 껍질을 벗기지 말고 함께 사용하면 수육의 잡내를 잡고 부드럽게 해 줍니다.

2

팬에 준비한 대파, 양파, 생 삼겹살 1.4kg, 통마늘 10개, 통후추 ½스푼, 소주 ½병(180mL), 설탕 1스푼, 된장 1스푼, 진간장 ½컵(100mL), 물 1.5L, 건다시마 15g을 순서대로 넣어 주세요.

3

뚜껑을 닫고 물이 끓어오를 때부터 중약불로 1시간 삶아 주세요.

4

끓인 지 10분이 지났을 때 다시마는 건져 주세요.

5

끓인 지 30분이 지났을 때 고기를 위아래로 뒤집어 주세요.

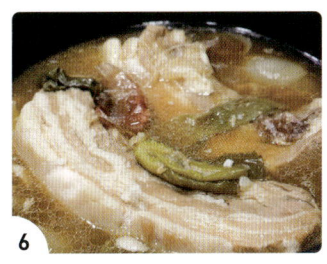

6

총 1시간이 지나면 불을 끄고 15분간 뜸을 들인 후에 고기를 건져 썰어 주면 완성입니다.

16 고구마조청

미리 준비하기 찹쌀 3컵(600mL)으로 찰밥을 고슬고슬하게 지은 후에 식혀 주세요.
엿기름 700g을 면주머니에 담고 물 1.5L에 30분 동안 불려 주세요.

재료
- 호박고구마 1.2kg
- 엿기름 700g
- 물 4.4L
- 찹쌀 3컵(600mL)
- 편생강 2개

1 호박고구마 1.2kg의 양 끝은 잘라 내고, 7~8mm 두께로 썰어 주세요. 물 1L가 담긴 냄비에 담아 뚜껑을 닫고 중불로 20분 삶은 후에 식혀 주세요.

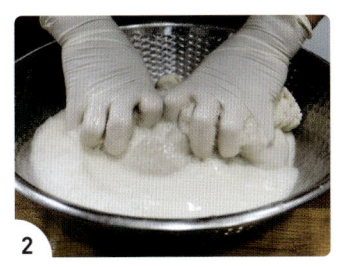

2 불린 엿기름을 물에 꾹꾹 눌러서 치대 주는 과정을 여러 번 반복해 주세요(물 3L 사용). 엿기름물은 대용량 밥솥에 부어 주세요.

3 식힌 고구마에 물 1컵(200mL)을 붓고, 누름 도구를 이용해서 으깬 후에 밥솥에 부어 주세요.

4 찰밥에 물 2컵(400mL)을 넣고 손으로 조물조물한 후 밥솥에 붓고 골고루 저어 주세요.

5 밥솥에 편생강 2개를 넣고 보온 상태로 7시간 삭혀 주세요. 7시간이 지나면 밥솥을 꺼내 충분히 식힌 다음 면보에 조금씩 담아 물을 짜는 과정을 반복해 주세요.

6 걸러진 맑은 물을 냄비에 담고 중불로 총 2시간 끓여 주면 완성입니다. 끓이는 동안 뜨는 불순물은 체로 계속 건져 주고, 색이 어두워졌을 때부터는 한 번씩 저어 줘야 바닥이 눌어붙지 않습니다.

17 | 호박술빵

미리 준비하기 껍질 벗긴 늙은호박 420g을 물 500mL에 20분 삶은 후에 식혀 주세요.

재료
- 늙은호박 420g
- 물 500mL
- 생 막걸리 1컵(200mL)
- 우유 1컵(200mL)
- 소금 깎아서 1스푼
- 설탕 1컵(200mL)
- 밀가루 550g
- 이스트 ⅓스푼(3g)
- 건포도 3스푼

1

믹서기에 미리 준비한 늙은호박, 우유 1컵(200mL)을 넣고 완전히 간 후 믹싱볼에 담아 주세요.

2

믹싱볼에 설탕 1컵(200mL), 소금 깎아서 1스푼, 이스트 ⅓스푼(3g)을 넣고 골고루 저어 주세요.

point— 이스트를 넣으면 발효가 더욱 잘되고 밀가루 냄새가 덜 납니다.

3

믹싱볼에 밀가루 550g, 생 막걸리 1컵(200mL)을 넣고 섞어 주세요. 경우에 따라 반죽이 뻑뻑하면 생 막걸리를 추가하고, 질면 밀가루를 추가해 주세요.

point— 반드시 유통기한이 짧은 생 막걸리를 사용해야 발효가 됩니다.

4

믹싱볼에 비닐을 덮고 접시를 올려 준 다음 아랫목에 이불을 덮어 4시간 발효해 주세요(따뜻한 상태로 유지해 주세요).

5

발효가 잘돼서 부풀어 올랐다면 건포도 2스푼을 넣고 골고루 섞어 주세요.

6

찜기에 씻은 면보를 깔고 반죽을 부은 다음 건포도 1스푼을 토핑해 주세요. 뚜껑을 닫고 중불로 25분 쪄 주면 완성입니다.

18 호박죽

미리 준비하기 팥 ⅓컵(70mL)을 불리지 않고 천일염 ⅓스푼을 넣어 40분 삶아 주세요.
찹쌀 ½컵(100mL)을 물에 2시간 불려서 준비해 주세요.
다진 생강 ¼스푼에 물을 약간 담아 불려 생강즙을 준비해 주세요.

재료
- 늙은호박 750g
- 밤 10개
- 팥 ⅓컵(70mL)
- 찹쌀 ½컵(100mL)
- 다진 생강 ¼스푼
- 물 1.3L
- 소금 ½스푼
- 설탕 1스푼

1

늙은호박 750g을 얇게 썰어서 냄비에 담아 주세요. 밤 10개를 3등분으로 썰어서 냄비에 넣어 주세요.

2

냄비에 물 1L를 붓고 끓어오르면 거품을 걷어 주세요. 체로 생강은 거르고 생강즙을 넣어 주세요. 중불로 25분 삶으면서 중간에 한 번씩 저어 주세요.

3

믹서기에 준비한 찹쌀, 물 1컵(200mL)을 넣고 15초만 갈아 주세요.

point — 찹쌀의 입자가 약간 까끌까끌하게 살아 있으면 좋습니다.

4

삶은 호박을 양재기에 부어서 식혀 주세요. 냄비에 갈아 놓은 찹쌀을 붓고 약불로 저어 주면서 찹쌀풀을 만들어 주세요.

5

믹서기에 식힌 호박을 붓고 30초 이상 곱게 갈아서 냄비에 부어 주세요.

6

삶아 놓은 팥 ⅓컵(70mL)을 넣고 저으며 끓여 주세요. 끓어오를 때부터 약불로 15분 끓여 주면 완성입니다. 7분 정도 지났을 때 소금 ⅓스푼, 설탕 1스푼을 넣어 간을 해 주세요.

point — 호박죽을 다음 날 먹으려면 간을 하지 말고, 먹기 전에 간을 해 주세요.

19 콘치즈구이

재료
(4인분)

- 스위트콘 캔 ½개(170g)
- 양파 ¼개
- 파프리카 ½개
- 소금 1꼬집
- 레몬즙(식초) ½스푼
- 설탕 ½스푼
- 우유 2스푼
- 모차렐라 치즈 1컵(200mL)

1

스위트콘 캔 ½개(170g)를 체에 담아 10분 정도 물기를 빼 주세요.

2

파프리카 ½개를 자잘하게 다진 다음 토핑용으로 한 움큼은 따로 빼놓아 주세요.

3

양파 ¼개를 자잘하게 다져서 파프리카와 함께 그릇에 담아 주세요.

4

그릇에 물기 뺀 스위트콘, 소금 1꼬집, 우유 2스푼, 레몬즙(식초) ½스푼, 설탕 ½스푼을 넣고 골고루 섞어 주세요.

5

전자레인지 사용이 가능한 용기의 바닥에 모차렐라 치즈를 깐 다음 준비한 재료를 붓고 다시 모차렐라 치즈로 덮어 주세요.

point— 모차렐라 치즈는 총 1컵(200mL) 사용했습니다.

6

따로 빼놓은 파프리카를 위에 골고루 뿌리고 전자레인지는 4분, 에어프라이어는 200℃ 12분 작동시키면 완성입니다.

point— 토치를 이용해서 치즈를 그을려 주면 더욱 먹음직스럽습니다.

20 파래전

재료
- 파래 250g
- 천일염 1스푼
- 대하 5마리
- 미림 1스푼
- 부침가루 7부(100g)
- 감자전분 수북하게 2스푼
- 청양고추 1개
- 멸치액젓 1스푼
- 소금 ⅓스푼
- 물 1½컵(300mL)
- 들깨가루 1스푼
- 식용유 적당량

1

2

3

양재기에 파래 250g, 천일염 1스푼, 물을 조금 넣고 바락바락 씻은 후에 2번 헹구고 물기를 꾹 짜 주세요.

물기 뺀 파래를 펼쳐서 자잘하게 썰어 주세요.

대하 5마리, 청양고추 1개를 자잘하게 다져 주세요.

4

5

6

믹싱볼에 부침가루 7부(100g), 감자전분 수북하게 2스푼, 들깨가루 1스푼, 소금 ⅓스푼, 멸치액젓 1스푼, 물 1½컵(300mL)을 넣어 반죽해 주세요.

point — 반죽 농도가 약간 묽어야 좋습니다.

준비한 파래, 대하, 청양고추를 미림 1스푼과 함께 반죽에 넣어서 섞어 주세요.

팬에 식용유를 두르고 반죽을 적당하게 올려 부쳐 주면 완성입니다.

21 팥칼국수

미리 준비하기 생 칼국수면 580g을 찬물에 헹궈서 밀가루를 제거해 주세요.

재료
- 팥 1컵(190g)
- 물 1L(팥삶을 때)
- 물 4½컵(900mL)
- 생 칼국수면 580g(3인분)

1. 팥 1컵(190g)에 물을 받아서 뜨는 팥은 버리고 2번 씻어 주세요.

2. 냄비에 씻은 팥과 팥이 잠길 정도의 물을 넣고 끓어오를 때부터 5분 삶아 주세요.

3. 5분이 지나면 첫물은 버려 주세요.

4. 냄비에 다시 물 1L를 붓고 뚜껑을 닫아 주세요. 끓어오를 때부터 중약불로 40분 삶아 주세요.

5. 40분이 지나면 물 2컵(400mL)을 붓고 10분 정도 식혔다가 믹서기에 물과 같이 1분 갈아 주세요.

point— 삶은 팥을 2스푼 정도 덜어 놓았다가 팥칼국수가 완성됐을 때 넣어 주세요.

6. 냄비에 팥물을 붓고 끓어오를 때 생 칼국수면 580g을 넣어 6분 끓여 주세요. 너무 걸쭉해지면 물 2½컵(500mL)을 추가하면 됩니다.

point— 팥칼국수를 끓인 후 먹기 전에 소금, 설탕을 취향에 맞게 조절해 주세요.

22 | 김밥

재료
- 김밥용 김 4장
- 밥 1공기 반
- 참기름 1스푼
- 소금 3꼬집
- 식초 ½스푼
- 통깨 ½스푼

속재료
- 무장아찌(단무지) 80g
- 당근 ⅓개
- 깻잎 15장
- 스위트콘 ½컵(100mL)
- 소금 1꼬집

1. 당근 ⅓개를 자잘하게 다지고 스위트콘 ½컵 (100mL), 식용유 1스푼과 함께 2분 30초 볶은 후에 식혀 주세요.

2. 깻잎 15장을 반으로 자른 다음 자잘하게 채 썰어 주세요.

3. 무장아찌(단무지) 80g을 길게 썰어 주세요.

4. 믹싱볼에 밥 1공기 반, 참기름 1스푼, 소금 3꼬집, 식초 ½스푼, 통깨 ½스푼을 넣고 섞어 주세요.

5. 믹싱볼에 볶은 당근, 채 썬 깻잎을 넣고 골고루 섞어 주세요.

6. 김밥용 김을 1장씩 까슬까슬한 쪽을 위로 향하게 놓고 밥을 펴 주세요. 썰어 놓은 무장아찌(단무지)를 넣어 김밥을 말아 주세요. 참기름을 바르고 통깨를 뿌려 주면 완성입니다.

23 | 찰밥

재료
- 찹쌀 3컵(600mL)
- 팥 7부(140mL)
- 물 940mL
- 천일염 ½스푼
- 생밤 5개
- 설탕 ½스푼

1

냄비에 팥 7부(140mL)와 팥이 잠길 정도의 물을 넣고 끓어오를 때부터 강불로 5분 삶았다가 첫물은 버려 주세요.

2

물 800mL, 천일염 ½스푼을 넣고 저어 준 후에 뚜껑을 닫고 끓어오를 때부터 약불로 35분 삶아 주세요.

3

찹쌀 3컵(600mL)을 깨끗하게 씻어서 30분 동안 불린 후 체에 밭쳐 물을 빼 주세요.

4

생밤 5개를 각각 3등분씩 썰어 주세요.

5

밥솥에 찹쌀, 삶은 팥(물까지), 생밤, 설탕 ½스푼을 넣고 골고루 섞어 주세요.

6

물 7부(140mL)를 추가해서 물 조절을 한 후 전기밥솥에 넣어 백미 버튼을 눌러 주면 완성됩니다.

24 | 달걀죽

재료
- 달걀 1개
- 밥 1공기
- 물 3컵(600mL)
- 당근 20g
- 소금 ⅓스푼
- 국간장 ⅓스푼
- 참기름 조금
- 통깨 ½스푼

1. 냄비에 물 3컵(600mL)과 밥 1공기를 넣어 으깬 후에 센불로 끓여 주세요.

2. 당근 20g을 자잘하게 다져 주세요. 통깨 ½스푼은 조금만 갈아 주세요.

3. 냄비에 다진 당근을 넣고 중불로 낮춘 후에 충분히 저어 주세요.

4. 달걀 1개를 깨서 넣고 15초 후에 달걀을 풀면서 저어 주세요.

5. 국간장 ⅓스푼, 소금 ⅓스푼을 넣고 저어 주세요.

6. 불을 끄고 간 깨, 참기름을 조금 넣고 저어 주면 완성입니다.

25 돼지고기김치찜

미리 준비하기 익은 배추김치 500g의 속을 전부 제거해서 준비해 주세요.

재료
- 익은 배추김치 500g
- 설탕 ½스푼
- 돼지고기 앞다릿살 450g
- 된장 ½스푼
- 미림 2스푼
- 청양고추 1개
- 대파 1대
- 양파 ½개
- 물 ½컵(100mL)
- 들기름 1스푼

양념
- 물 4컵(800mL)
- 새우젓 1스푼
- 다진 마늘 ½스푼
- 고춧가루 수북하게 1스푼
- 들깨가루 1스푼

1
익은 배추김치 500g에 설탕 ½스푼을 넣고 조물조물해 주세요.

2
돼지고기 앞다릿살 450g에 미림 2스푼, 된장 ½스푼을 넣고 조물조물해 주세요.

3
양파 ½개를 굵직하게 채 썰고, 대파 1대를 어슷 썰고, 청양고추 1개를 쫑쫑 썰어 주세요.

4
양념 만들기 물 4컵(800mL), 새우젓 1스푼, 다진 마늘 ½스푼, 고춧가루 수북하게 1스푼, 들깨가루 1스푼을 섞어 양념을 만들어 주세요.

5
냄비에 돼지고기 앞다릿살을 넣고 핏기가 없어질 때까지 볶은 후에 준비한 양파와 청양고추, 배추김치, 양념을 넣어 주세요.

6
뚜껑을 닫고 중약불로 40분 끓인 후에 물 ½컵 (100mL), 대파를 넣고 약불로 10분 더 끓여 주세요. 마지막으로 들기름 1스푼을 넣어 주면 완성입니다.

26 등갈비묵은지찜

미리 준비하기 묵은지 ¼포기(800g)의 속을 긁어내고 김칫국물을 꾹 짜서 준비해 주세요.

재료
- 등갈비 1.2kg
- 소주 ½컵(100mL)
- 된장 ½스푼
- 묵은지 ¼포기(800g)
- 설탕 2½스푼
- 양파 ½개
- 대파 1대
- 참기름 1스푼
- 후추 3꼬집

양념
- 물 1L
- 고춧가루 2스푼
- 다진 마늘 ½스푼
- 다진 생강 ⅓스푼
- 새우젓 1스푼
- 청양고추 1개

1 등갈비 1.2kg가 잠길 정도의 미지근한 물에 설탕 2스푼을 녹이고, 등갈비를 넣어 20분 동안 핏물을 빼주세요.

2 묵은지 ¼포기(800g)에 설탕 ½스푼을 골고루 묻혀 주세요.

point— 설탕이 묵은지의 군내를 잡아 줍니다.

3 **초벌 삶기** 등갈비가 잠길 정도의 끓는 물에 소주 ½컵(100mL), 된장 ½스푼을 풀고 등갈비를 넣어서 강불로 5분 초벌 삶아 주세요.

point— 등갈비가 냉동이라면 통후추와 월계수 잎을 추가해 주세요.

4 양파 ½개를 굵직하게 썰어서 냄비 바닥에 깔아 주세요. 대파 1대를 어슷 썰고, 청양고추 1개를 쫑쫑 썰어서 믹싱볼에 담아 주세요.

5 **양념 만들기** 청양고추가 담긴 믹싱볼에 새우젓(다져서) 1스푼, 다진 마늘 ½스푼, 다진 생강 ⅓스푼, 고춧가루 2스푼, 물 1L를 넣고 골고루 저어 주세요.

6 양파를 깐 냄비에 등갈비, 묵은지, 양념을 순서대로 넣어 주세요. 끓어오를 때부터 뚜껑을 닫고 중약불로 40분 끓인 후에 대파, 참기름 1스푼, 후추 3꼬집을 넣고 5분 더 졸여 주면 완성입니다.

27 옛날식혜

재료
- 엿기름 800g
- 밥 2공기
- 생수 6.6L
- 편생강 2개
- 설탕 1½컵(300mL)
- 소금 ½스푼
- 면주머니
- 대용량 밥솥(7L)

1
엿기름 800g을 면주머니에 담고 생수 6L를 조금씩 부어 가며 여러 번 치대 주세요.

2
치댄 엿기름물을 가만히 1시간 동안 두어 앙금을 가라앉혀 주세요.

3
밥 2공기에 생수 600mL를 붓고 조물조물해서 밥알을 풀어 주세요.

4
대용량 밥솥(7L)에 물에 풀린 밥과 엿기름물(앙금은 넣지 않음)을 붓고, 설탕 ½컵(100mL)을 넣어 충분히 저어 주세요.

point — 바닥에 가라앉힌 앙금이 많이 들어가면 식혜가 까맣게 됩니다.

5
밥통에 넣어 '보온' 상태로 5시간 삭혀 주세요. 5시간 후에 밥알이 둥둥 떠 있다면 잘된 겁니다.

6
밥솥에 삭힌 것을 모두 곰솥에 붓고 편생강 2개, 설탕 1컵(200mL)을 넣은 후에 뚜껑을 닫고 중불로 15분 끓여 주면 완성입니다. (10분 지나면 생강은 건지고 불순물은 국자로 제거해 주세요.)

28 꼬막비빔밥

미리 준비하기 씻지 않은 꼬막 1kg를 물 1L + 천일염 2스푼에 담그고 검정 비닐봉지를 덮어 2시간 동안 해감해 주세요.
대파 10가닥을 쫑쫑 썰어서 준비해 주세요.
청양고추 1개를 다져서 준비해 주세요.

재료
- 꼬막 1kg
- 소주 ½컵(100mL)
- 콩나물 300g

양념
- 쪽파 10가닥
- 청양고추 1개
- 고춧가루 1½스푼
- 설탕 ⅓스푼
- 다진 마늘 ½스푼
- 진간장 3스푼
- 생수 1스푼
- 참기름 1스푼
- 통깨 1스푼

1

미리 해감해 놓은 꼬막에 물을 조금 넣고 2번 바락바락 씻어 주세요.

point— 꼬막 껍질에 손을 다칠 수 있으니 꼭 장갑을 착용하고 씻어 주세요.

2

꼬막이 잠길 정도의 물에 씻은 꼬막과 소주 ½컵(100mL)을 넣고 팔팔 끓어오를 때까지 계속 저으면서 삶은 후에 건져서 식혀 주세요. 꼬막 삶은 물은 버리지 마세요.

point— 꼬막을 저어 주면서 삶아야 살이 한쪽으로 붙어서 잘 까집니다.

3

팬에 콩나물 300g, 물 1컵(200mL)을 넣어 주세요. 뚜껑을 닫고 강불로 3분 30초 삶은 후에 콩나물 삶은 물을 따로 담아 두고 콩나물은 찬물에 헹궈 주세요.

4

식힌 꼬막은 숟가락을 대고 비틀어서 깐 다음 꼬막 삶았던 물(윗부분만 사용)에 한 번 헹궈 주세요.

5

미리 준비한 대파와 청양고추에 고춧가루 1½스푼, 다진 마늘 ½스푼, 설탕 ⅓스푼, 진간장 3스푼, 생수 1스푼, 참기름 1스푼, 통깨 1스푼을 섞어 양념을 만들어 주세요.

6

꼬막에 양념을 넣고 섞어 주세요. 그릇에 밥, 콩나물, 양념된 꼬막을 담아 주면 완성입니다.

29 오징어배추전

미리 준비하기 물 ½컵(100mL)에 얼음 6조각을 넣어서 얼음물을 만들어 주세요.

재료
- 알배기배추 250g
- 양파 ½개
- 오징어 1마리
- 부침가루 7부(85g)
- 튀김가루 3스푼
- 물 ½컵(100mL)
- 얼음 6조각
- 청양고추 1개
- 달걀 1개
- 소금 ⅓스푼

1
알배기배추 250g을 7~8mm 두께로 채 썰고, 가로로 한 번 더 썰어 주세요.

2
양파 ½개를 채 썰고, 청양고추 1개를 다져 주세요.

3
오징어 1마리의 몸통과 다리를 분리하고 먹기 좋게 썰어 주세요.

4
믹싱볼에 부침가루 7부(85g), 튀김가루 3스푼, 미리 준비한 얼음물, 달걀 1개, 소금 ⅓스푼을 섞어 반죽을 만들어 주세요.

point— 얼음이 남아 있다면 녹을 것을 감안해서 반죽이 약간 되직해야 합니다.

5
반죽에 오징어, 알배추, 양파, 청양고추를 넣고 골고루 섞어 주세요.

6
반죽의 얼음은 건져 주세요. 식용유를 두른 팬에 크게 부쳐 주면 완성입니다.

30 | 닭발조림

미리 준비하기　대파 ½대, 청양고추 2개를 가위로 절반씩만 잘라서 준비해 주세요.

재료

- 닭발 500g
- 콜라 1컵(200mL)
- 물 1컵(200mL)
- 진간장 6스푼
- 굴소스 1스푼
- 청양고추 2개
- 마늘 10개
- 미림 2스푼
- 고춧가루 ½스푼
- 후추 2꼬집
- 통깨 ½스푼

닭발 초벌 삶을 때

- 물 1L
- 소주 ⅓컵(70mL)
- 천일염 깎아서 1스푼
- 편생강 2개
- 대파 ½대

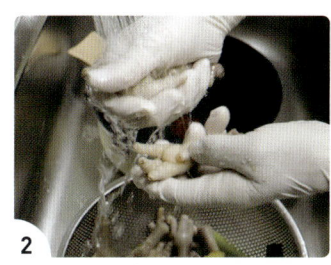

닭발 초벌 삶기 냄비에 물 1L, 닭발 500g, 소주 ⅓컵(70mL), 천일염 깎아서 1스푼, 편생강 2개, 대파 ½대를 넣고 끓어오를 때부터 10분 초벌 삶아 주세요.

초벌 삶은 닭발을 찬물에 헹구고 다시 냄비에 담아 주세요.

냄비에 물 1컵(200mL), 콜라 1컵(200mL), 진간장 5스푼, 굴소스 1스푼, 청양고추 2개, 미림 2스푼을 넣고 끓어오를 때부터 뚜껑을 닫은 채 중불로 10분 조려 주세요.

약불로 줄이고 마늘 10개, 고춧가루 ½스푼을 넣어 주세요.

뚜껑을 닫고 약불로 5분 더 조려 주세요.

진간장 1스푼을 넣고 물이 없을 때까지 볶아 주세요. 후추 2꼬집, 통깨 ½스푼을 넣어 마무리해 주세요.

31 닭꼬치

미리 준비하기 나무꼬치 4개를 식촛물에 30분 동안 담가 놓았다가 키친타월로 물기를 제거해 주세요.
청양고추 2개를 다져서 준비해 주세요.

재료
- 닭다릿살 3덩이(450g)
- 우유 200mL
- 천일염 깎아서 1스푼
- 미림 1스푼
- 소금 ⅓스푼
- 연겨자 5cm
- 대파 2대
- 나무꼬치 4개

양념
- 다진 마늘 1스푼
- 진간장 2스푼
- 굴소스 1스푼
- 설탕 2스푼
- 물엿 1스푼
- 청양고추 2개
- 후추 3꼬집

1

닭다릿살 3덩이(450g)에 우유 200mL, 천일염 깎아서 1스푼을 넣고 조물조물 해서 30분 동안 염지를 해 주세요.

2

대파 2대를 5cm 간격으로 썰고, 세로로 한 번 더 썰어 주세요.

3

양념 만들기 다진 마늘 1스푼, 진간장 2스푼, 굴소스 1스푼, 설탕 2스푼, 물엿 1스푼, 후추 3꼬집, 다진 청양고추를 섞어 양념을 만들어 주세요.

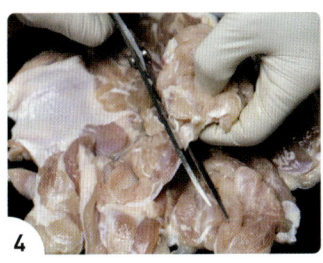

4

염지한 닭다릿살을 키친타월로 물기를 제거한 후에 가위로 대파 크기에 맞춰 잘라 주세요.

5

미림 1스푼, 소금 ⅓스푼, 연겨자 5cm를 섞고 닭다릿살을 넣어 조물조물 밑간해 주세요.

6

나무꼬치에 닭다릿살과 대파를 적당하게 꽂은 다음 식용유를 두른 팬에 넣고 양념을 바르면서 약불로 구워 주면 완성입니다.

32 소고기채소죽

재료
- 소고기 양지 다짐육 120g
- 식용유 1스푼
- 미림 1스푼
- 양파 ¼개
- 대파 10cm
- 당근 40g
- 애호박 ⅓개
- 물 4컵(800mL)
- 식은 밥 1공기
- 국간장 1스푼
- 소금 ⅓스푼
- 참기름 1스푼
- 통깨 1스푼

1\. 대파 20cm, 당근 40g, 애호박 ⅓개, 양파 ¼개를 모두 자잘하게 다져 주세요.

2\. 소고기 양지 다짐육 120g, 식용유 1스푼, 미림 1스푼을 팬에 넣어 노릇해질 때까지 중불로 볶아 주세요.

3\. 다진 양파, 당근을 모두 넣고 대파는 절반만 넣은 후에 같이 볶아 주세요.

4\. 물 3컵(600mL)을 넣고 끓어오르면 뜨는 기름은 건져 내 주세요.

5\. 식은 밥 1공기를 넣어서 풀어 주고 3분 끓여 주세요. 다진 애호박, 국간장 1스푼을 넣고 저어 가면서 2분 더 끓여 주세요.

6\. 물을 추가하면서 농도를 맞춰 주세요(물 1컵 사용). 참기름 1스푼, 통깨(빻아서) 1스푼, 남겨 놓은 대파를 넣어서 골고루 섞어 주면 완성입니다.

33 | 순대볶음

재료
- 순대 1팩(500g)
- 양배추 200g
- 양파 ½개
- 대파 1대
- 당근 40g
- 마늘 10개
- 식용유 4스푼
- 청양고추 5개
- 소금 3꼬집
- 들깨가루 수북하게 1스푼
- 참기름 1스푼
- 후추 3꼬집
- 통깨 1스푼
- 깻잎 10장

양념
- 고춧가루 2스푼
- 진간장 2스푼
- 스테이크소스(굴소스) 1스푼
- 설탕 ½스푼
- 미림 2스푼
- 물 ½컵(100mL)

1

순대 1팩(500g)을 끓는 물에 12분 중탕한 다음 2cm 간격으로 썰어 주세요.

2

양배추 200g, 양파 ½개, 당근 40g을 굵직하게 채 썰어 주세요. 마늘 10개를 반으로만 썰어 주세요. 청양고추 5개, 대파 ⅓대를 쫑쫑 썰어 주세요. 대파 ⅔대는 길게 반으로 나눈 다음 굵직하게 썰어 주세요.

3

양념 만들기 고춧가루 2스푼, 설탕 ½스푼, 미림 2스푼, 진간장 2스푼, 스테이크소스(굴소스) 1스푼, 물 ½컵(100mL)을 섞어 양념을 만들어 주세요.

4

팬에 식용유 3스푼, 쫑쫑 썬 대파, 양파 조금 넣어서 약불로 볶으면 파기름이 완성됩니다. 한 김 식힌 후 양념에 부어서 섞어 주세요.

5

팬에 식용유 1스푼, 준비한 양파, 마늘, 당근, 청양고추, 대파를 넣고 2분 볶아 주세요. 이후 준비한 양배추를 넣고 계속 볶아 주세요.

6

양배추의 숨이 죽으면 소금 3꼬집을 넣고 섞은 다음 준비한 양념장, 순대를 넣고 충분히 볶아 주세요. 들깨가루 수북하게 1스푼, 깻잎 10장, 참기름 1스푼, 후추 3꼬집, 통깨 1스푼을 넣어 마무리해 주세요.